岡山文庫

323

博物学者《はくぶつがくしゃ》　佐藤清明《さとうきよあき》の世界《せかい》

附録《ふろく》「現行全国妖怪辞典《げんこうぜんこくようかいじてん》」

佐藤清明資料保存会《さとうきよあきしりょうほぞんかい》 編《へん》

日本文教出版株式会社

岡山文庫・刊行のことば

岡山県は古く大和や北九州とともに、吉備の国として二千年の歴史をもち、遠くはるかな歴史の曙から、私たちの祖先の奮励とそして私たちの努力とによって、現在の強力な産業県へと飛躍的な発展を遂げております。

小社は創立十五周年にあたる昭和三十八年、このような歴史と発展をもつ古くして新しい岡山県のすべてを、〝岡山文庫〟（会員頒布）として逐次刊行する企画を樹て、翌三十九年から刊行を開始いたしました。

以来、県内各方面の学究、実践活動家の協力を得て、岡山県の自然と文化のあらゆる分野の様々な主題と取り組んで刊行を進めております。

郷土生活の裡に営々と築かれた文化は、近年、急速な近代化の波をうけて変貌を余儀なくされていますが、このような時代であればこそ、私たちは郷土認識の確かな視座が必要なのだと思います。

岡山文庫は、各巻ではテーマ別、全巻を通すと、壮大な岡山県のすべてにわたる百科事典の構想をもち、その約50％を写真と図版にあてるよう留意し、岡山県の全体像を立体的にとらえる、ユニークな郷土事典をめざしています。

岡山県人のみならず、地方文化に興味をお寄せの方々の良き伴侶とならんことを請い願う次第です。

『博物学者 佐藤清明の世界』の発刊にあたり

佐藤清明先生の生まれた浅口郡の歴史は古く、続日本紀によれば716年に備中の国には浅口郡の他8郡が置かれたとされます。また、1878年に発足した行政区間としての郡域は、現在の倉敷市、笠岡市の1部、浅口市、里庄町の全域を含む広いものでした。明治、大正、昭和、平成、令和へと至る時代の流れや、その間のたび重なる市町村合併により、2006年浅口郡は里庄町のみとなりました。

産業の発展や人口の増加により、道路、下水道の基盤整備や企業誘致、宅地開発により、風景はずいぶん変わりましたが、緑豊かな山並みや小川の流れは清明先生が生まれた当時のままだと思います。

私たちは明治以降、人口の増加により、多くのものを発明したり生み出したりして、生活は一見便利で豊かになったという感覚を覚えますが、社会全体でSDGsを掲げるほど、多くの大切な自然や文化を失ってきました。

このたび、日本文教出版株式会社より「岡山文庫」シリーズとして発刊されることになり、ご厚意に感謝するとともに執筆に携わった方ならびに日ごろから清明先生の資料保存や研究に携わっている方に心よりお礼を申し上げます。

本書が、後世の人たちに何を残して、伝えておくべきものなのかを、今一度、感じていただく機会になれば、これほど喜ばしいことはありません。

里庄町長　佐藤清明資料保存会会長　加藤泰久

『博物学者 佐藤清明の世界』附録『現行全国妖怪辞典』目次

表紙・扉…佐藤清明肖像
（里庄町所蔵）

第一章　生い立ち

母ヤスヱ肖像写真

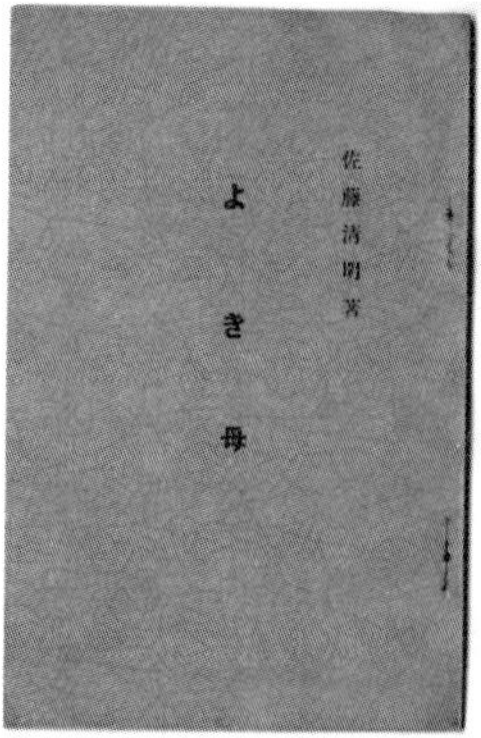

佐藤清明著『よき母』

里庄町所蔵（以下記載がないものは全て里庄町所蔵）

生い立ち

佐藤清明《さとうきよあき》は、1905年5月9日岡山県浅口郡里庄村（現、里庄町）里見に佐藤亀三郎・ヤスエの長男として生まれた。清明は幼い時に父と死に別れ、母の手で育てられた。（なお、本名は「きよあき」と読むが、本人も周囲の人たちも通称のように「せいめい」と呼んでいた）

1933年清明は、島田ミヤコとの結婚式に『よき母』という冊子を出席者に配った。この冊子は海軍大将藤井較一、中江藤樹、頼山陽、リンカーン、ナポレオンなど世界と日本の57人の著名人の母親について物語風に紹介した、清明のうんちく満載の手作り冊子である。その時のあいさつに「幼くして父に別れ、母の手のみに依って、育った一人子の私も」と書いている。

母ヤスエは、観生《かんせい》高等女学校（現、岡山県立鴨方高等学校）の教諭として、清明を養った。茶道と華道の先生で多くの生徒に教えた。その薫陶を受けた清明も茶道と華道を愛した。

清明が記した「茶道の科学」（『科学と文学』昭和23年）には、茶の科学的分析が記されている。清明は華道も得意で、自身が勤務する清心女子高等学校での式典では、毎年必ず清明が裏山から取ってきた大きな松などを使っての素晴らしい生け花が名物だったとの同僚の証言もある。

清明が残した資料の中に「YASUE　ALBUM」と書かれた箱がある。その中にはヤスエ宛の手紙や生徒との写真、家族写真、ネガなどが多く入っていて今まで大切に保存されてきた。女手一つで育ててくれた母への強い愛情が感じられる。

少年時代の清明は多感な文学少年だったようで、「随想　芳水詩集」（『清心図書館報第12号』昭和51年）の中で次のような少年時代の思い出を書いている。

大正三年の春、有本芳水の詩集が出た。おさな心の私は、いくたび、いく十たび、いく百たび、感慨をこめて、うたい、憧れたことか。当時、「日本少年」という雑誌があって、少年の私は毎月発行をまって本屋にかけり。（後略）

清明は飽くことなく『芳水詩集』を愛唱したようである。有本芳水（1886～1976）は、兵庫県出身の歌人、詩人で、実業之日本社で雑誌『日本少年』の編集に携わり、自ら抒情的・感傷的な詩を書いて同誌に発表し、絶大な人気を博した。1914年に発売された竹久夢二の挿絵入りの『芳水詩集』は、発売後たちまち少年少女の熱狂的な支持を得、270版を重ねた。後年、岡山に移住した芳水に会う機会があった清明は、

> 幼いころにあこがれた芳水が岡山にいると聞いて「私は会いたかった。然しまた老いたるその姿に、昔の美しい姿をそこなうのも淋しいとためらう心もあった。」と、迷ううちに、芳水は、亡くなった。これでもう永久に会えない。その反面、昔の紅顔の一少年愛読者の今は老いた見苦しい姿をさらさずにすんだことでもある。

と熱烈なファンの微妙な心情を吐露している。

1918年、清明は金光中学校（現、金光学園高等学校）に入学した。清明は在学中から文学の高い才能を見せており、金光中学校発行の雑誌『秀真《ほつま》』に多くの論文・詩・小説などを寄稿している。二年後輩に、カブトガニを研究した髙橋小太郎がいた。在学中は

『芳水詩集』里庄町立図書館所蔵

親交を深める機会がなかったようだが、小太郎は清明のことを知っていた。次々と雑誌に投稿している清明は、目立った存在だったようだ。10年以上たって再会し、共にカブトガニを研究したりお互いの家に行き来したりの生涯の友となった。（トピック②参照）

清明は、中学在学中に、田中のメダカの方言論に出会った。田中茂穂（1878〜1974）は、日本の魚類学者であり、東京帝国大学の動物学の教授だった。清明は、田中との出会いを「全國メダカ方言集（予報）」（『方言資料第二輯』昭和6年）の中でこう述懐している。

田中茂穂先生が「メダカ」方言を理學界の誌上で募集されたのを見た時の私は一中學生であった。田舎者の中學生の身分で帝國大學の先生に直接文通するということは、目がつぶれる程の恐ろしい事のやうに思って其の儘十ケ年を経過した。

中学時代の清明の心にはしっかり、動植物の方言の面白さが心に焼き付いたのだろう。成人した清明が動植物などの方言を収集して岡山にその人ありと知られる存在になるのは、後の話である。（トピック①参照）

1923年金光中学校を卒業した清明は、東京帝国大学に入学を希望したが、母の反対により東京帝国大学には進学せず、第六高等学校に生物学教室助手として就職した。

1924年難関だった「文検（中等教員免許検定試験）博物科」に合格して教員免許を得た清明は、1925年福岡県小倉中学校の理科教師となった。しかし、わずか1年後、結核を患い帰郷する。清明の落胆はいかばかりであったろうか。

しかし、自宅療養中でも、清明は貪欲に明日への活力になるものを発見する。それが「俗信」と「方言」の収集である。『岡山県俗信千三百集』（土俗趣味社昭和10年）の序文で清明はこう述べている。

私が俗信を募集し初めたのは昭和二年であつた。其の頃、私は健康を害して居て、郷里の里庄村で閑日月を送つて居た譯だつた。健康を害して田舎に引きこもつて居る際に四隣より好意的に、或いは非好意的に注意を與えて呉れたものは実に俗信であつた。

１９２７年には、日野巌《ひのいわお》の『動物妖怪譚』と出会う。日野とは直接の面識はなかったようだが、妖怪の研究を「方言」というアプローチで行う清明独特の研究方法はここから始まったのだろうか。

すっかり病の癒えた清明は、１９２８年、岡山県生石《おんじ》高等女学校（現、岡山短期大学）教諭、岡山県生石教員養成所教諭となった。また、第六高等学校にも復帰を果たした。ここでも新たな出会いが待っていた。生石高等女学校の創設者で校長の原田林市《りんいち》の息子で歌人の原田進（１９１０～３９）である。清明が教諭として勤務した当時は、原田進は18歳で直接の交流の足跡は見つかっていない。

しかし、原田が発行人を務めた１９３６年生石高等女学校発行の雑誌『弥生《やよい》』には、清明は「瀬戸内国立公園と備中の島々」という小文を掲載し、原田は「葛の花　十三首」を掲載している。生石高等女学校や原田との関わりはこの後、原田の死後も続いていく。清明の資料の中には、万葉植物園の写真とネガが残されている。万葉植物園は、原田が出征前に作った女学校の裏手にあった植物園で、その写真には、「岡山女子短大、万葉園」と書いてあることから戦後も万葉植物園に係わっていたことがわかる。

その後、1931年に清心高等女学校（現、清心女子高等学校）理科の教師となった。その時のいきさつを清明は「回顧の学園」（『ノートルダム会シスター来日五十年史』昭和48年）で次のように語っている。

わたくしが初めて清心学園へお世話になったのは昭和6年（1931）9月であった（中略）その頃に私は北九州の小倉につとめていたのが、健康を害して帰郷し、田舎でのんびり療養したお蔭で元気になり、もう復職してよいと医者から許しをもらっていた矢先であった。（中略）ちょうど上伊福に目のさめるような真白な女学校が新築され理科の教員を求めておるから君はあそこがよかろうと主任教授がすすめたが何分まだ二十五才の独身紅顔（？）の少年では、いくら希望しても向こうで採用すまいと引っ込んでいたら恩師のあっせんで教頭の多田定之進先生より一ぺん、シスターに引き合わせてみるからと通知してくださった。

こうして清明は、清心高等女学校に理科の教師として就職し、56年間の長きにわたり、教員生活を送ることになったのである。

（小野礼子）

第二章　方言・民俗学との出会い

佐藤清明肖像

一、柳田国男と清明

１９２９年、清明は『岡山文化資料』第五号に「植物の方言と訛語《かご》」という論考を投稿する。『岡山文化資料』は岡山の習俗や方言、伝承などを集めた雑誌で、１９２８年に桂又三郎（１９０１〜１９８６）や島村知章（１８９６〜１９３０）らが中心となって発刊された。この『岡山文化資料』こそが岡山における民俗学の発祥である。清明はこのとき25歳、『岡山文化資料』に初めての掲載であった。清明がどのような経緯で『岡山文化資料』と関わりを持ったのかについては、論考の序に「桂又三郎氏の御命令に依り」と記載していることから、桂との交流の中で植物の方言などについてまとめ、発表したことがわかる。以降も清明は積極的に『岡山文化資料』に論考を投稿する。

１９３１年、中心人物の一人であった島村の突然の死去と桂の体調不良により『岡山文化資料』は廃刊となるが、その廃刊の辞に佐藤は桂とともに名前を連ねている。論考掲載の回数を重ね、関係者との交流を深め、次第に重要な地位を占めていったと考えられる。

この「植物の方言と訛語」が初掲載された第五号は、清明にとって大きな出会いをもたらすこととなった。その相手が日本民俗学の祖柳田国男《やなぎたくにお》（1875〜1962）である。柳田はこのころ既に『遠野物語』を発表し、朝日新聞社客員として全国を回りながら、方言の収集などに力を注いでいた。まさに日本民俗学を確立しつつある中心的存在であった。清明が初めて論考を寄せた第五号に、同じく柳田が「唾《つば》を」という論考を寄稿し、つばの地方における方言について述べている。20代半ばの名もない若手の初投稿と、民俗学者柳田が依頼されての寄稿という違いこそあれ、同じ雑誌に掲載され、同じ方言という分野で執筆していることから、清明はもちろん、柳田もお互いの論考を読んだことは想像

昭和６年柳田（前列右から３人目）を招いて座談会、前列右端佐藤清明、左端桂又三郎、後列左端山本茂雄大尉。（『岡山文化資料下巻』より転載）

に難くない。そこから何らかのやりとりがあり、柳田と清明の個人的な交流が始まったのであろう。

佐藤家に残された清明宛柳田のはがきや柳田と清明の著作から、二人のやり取りを追ってみよう。

清明は1929年の第五号以降も『岡山文化資料』に主に岡山県の植物と俗習について次々と論考を投稿している。1930年の第二巻第五号に「岡山県に於ける「イタドリ」の方言分布論（予報）」を発表しているが、その冒頭に「此の一篇を斯学の先覚者柳田国男氏に捧げて尊敬の微意を表す。」と記している。さらに序文でこの論考を執筆するに至った経緯を述べるなかで、柳田が発表したイタドリの方言研究に、自分が岡山県の事例を追加する形でまとめたことを述べ、以下のように記している。

会々斯学の先輩柳田国男氏から「方言の小研究、三、虎杖及び土筆」の別刷を載き、深き興味を以て再読し、益々方言研究の神秘にうたれ、威大なる刺戟を受けたのである。

それに対し柳田は、清明に宛てたはがきの中でイタドリの論考を喜び、他の方言と合わせて本にしてはどうかなどと述べている。さらに翌1931年の「西はどっち」（『西は何方』昭和23年所収筑摩書房　以下柳田の著作は全て筑摩書房）に

虎杖《いたどり》といふ植物には、イタドリとタヂヒと、サイタツマといふ三つの古語があることを、夙く「民族」に私が書いてから後に、佐藤清明君は岡山県附近の地方名を詳しく調査せられたが、その中にタジナ・サジナ・ダイジ・ダンジなどなど、互ひに他系の語の影響によって半分以下の変化を受けたものが、幾つと無く発見せられたのである。

と実名を挙げて評価している。清明が自身の論考の冒頭や序文に柳田への尊敬の思いを述べ、それに対応して柳田が清明宛の書簡だけでなく、自身の著作の中にも取り上げて評価するほど、柳田と清明は良好な関係にあった。

また二人の関係は、個人的な交流だけでなく学問の上でも活かされた。清明がイタドリの論考より前に発表した「蟻《あり》地獄全国方言集（予報）」（『方言資料第二輯』昭和6年）の序文には、

方言の出所は出来るだけ正確を期した。方言地方の下の番号は私のカードであって、（ヤ）は柳田国男氏、（ス）は杉山正世氏の手記より抜くことを許して戴いた。両氏の御厚意に感謝の意を表します。

と記し、清明が方言集を出すときに、柳田の集めたデータを使うことを許されているのである。同様の記述は他にも見られる。「全国「片足飛び」方言集（予報）」（『愛媛県周桑郡郷土研究彙報第一三号』昭和6年）では、「柳田国男先生の論文に現れたる語彙をも転用して包含することを許して戴いた。（中略）斯くも沢山の語彙を集め得たのは、一に同氏の御蔭である。」、また「全国蟷螂《かまきり》方言名彙」（『方言第二巻第七号』昭和7年）では、「この名彙には右の私の用紙の他に、柳田国男氏の苦心蒐集せられたる方言用紙をも借覧し、且つ転用することを許されたので、これをも包含し得たのは実に望外の幸福である。」と述べている。この時期、清明にとっては、柳田先生のもとで、データの借用まで許されながら方言収集に励むことができ、またそれを評価してくれるということで、大いに研究に力が入ったであろうことは想像に難くない。一方、柳田から見ると、『蝸牛考《かぎゅうこう》』初版（昭和5年7月）の序文冒頭にこう記している。

前年東條氏の試みられた静岡県各村の方言調べ、又は近頃岡山県に於て、島村知章君佐藤清明君等の集めて居られる動植物名彙などを見ると、言葉が相隣する村と村との間にも、なほ著しい異同を示す例が、日本では決して珍らしくないといふことがわかる。

『岡山文化資料』の中心人物島村と清明の個人名を挙げてその活動を認めているが、この『蝸牛考』は柳田の提唱した方言周圏論の初典拠の著書である。以降も柳田は各地の方言を収集し、方言についての持論を展開していくが、方言を収集する際、柳田の弟子たちが岡山で活発に方言を収集した形跡は見当たらない。その代わりに岡山における方言や民俗語彙の収集の役目を清明や島村など岡山在住の研究者が担っていたのではないかと考えられる。もちろん、清明自身もその役目を理解した上で柳田との関係を構築し、学ぶべきところは学んでいき、それを足掛かりに人脈を広げていった。

この1929年からの数年間、清明は積極的に方言の収集を行い、それを発表していった。それは岡山の方言だけでなく全国の方言集であったり、植物だけでなく、幅広い民俗的な語彙であったりした。現在確認できる全国規模の主な方言集は以下の通りである。

昭和5年「蟻地獄全国方言集（予報）」・「全国ヂヤンケン称呼集（予報）」

昭和6年「カマキリ方言集成」・「ヂャンケン方言集」・「全国馬鈴薯方言集（予報）」・「全国片足飛び方言集（予報）」・「ハコベ方言集」・「全国メダカ方言語彙」・「全国おたまじゃくし方言集（予報）」「全国イタドリ方言集」

昭和7年「全国蟷螂方言明彙」・「全国蛙方言集」

昭和9年「ヒキガヘルの方言」・「吃逆の民俗的研究」

昭和10年『現行全国妖怪辞典』・「全国菫《すみれ》方言集」など

これらの方言集のうち、清明の専門分野である動植物（博物学）の方言集は馬鈴薯・ハコベ・スミレ（菫）・カマキリ（蟷螂）・蟻地獄・メダカ・オタマジャクシ・カエルなど、それ以外はジャンケン・片足跳び・シャックリ（吃逆）、そして妖怪と多岐にわたっている。動植物を見てもメダカやカマキリ、スミレといったよく知られているものから、蟻地獄のようなものまで幅広く、動植物以外に関しても、ジャンケンからシャックリ、さらには妖怪まで幅広い民俗事象で、どれも統一性は見られない。

清明が残した方言収集の業績は非常に大きいが、詳細に見ていくと、方言収集において二つのパターンが見られる。そしてそれは、その後の清明の研究にも影響を及ぼしている。清明が全国から動植物や民俗事象の方言を集めた二種類の方法とは、一つは前述の「蟻地獄全国方言集（予報）」などのように、自身が集めた方言だけでなく、柳田やそのほかの研究者などの事例・語彙も含めた方言の集め方である。これは例えば前述の「蟻地獄」や「片足飛び」、「蟷螂」などの方言集である。

もう一つは、他の人の手を借りず、清明が自分だけで方言を集める方法である。清明単独の方言集としては、例えば「全国おたまじゃくし方言集（予報）」（昭和6年）には「今回は私の方言票の第一号から第一〇三八号までの整理で、以下は追報する。」と記され、協力者や提供者の名前は書かれておらず、自分の方言票からの出典であることが強調されている。また「全国ハコベ方言集」（『岡山文化資料第三巻第六号』（昭和6年））では、「本稿は私の用紙の第一号より一〇一七号までの整理であって、その後のものは次の機会に増補す。」と記し、江戸時代の植物誌などからの引用はあるものの、柳田などの協力者は出てこない。さらに、『現行全国妖怪辞典』（中国民俗学会昭和10年）では、「折に触れて集めた妖怪の方言が三百程になった」「全部私の直接カードで集したもののみである」と記し、清明が直接集めたカードのみということを強調している。

柳田の名前が出てこないことについては、1930年12月16日の清明宛柳田国男書簡に「カマキリ等方言ハ其中ニ御掲載被下度　小生の名ハ御列記に及び不申候」とあり、方言集に名前を出さないでいいと柳田が述べている。しかし、その後出された「カマキリ方言集成」でも、清明は柳田の名前を出している。さらに1931年、柳田は岡山に来て清明や桂らと座談会を持っている。このころの清明はまだ、柳田からデータを借用し、その名前を出すことが当然であったが、やがて少しずつ人脈の拡大や方言収集のノウハウを得ていくと、清明は独自の方言収集の道を歩んでいったと思われる。その最終的な完成形が『現行全国妖怪辞典』であろう。この妖怪辞典と「全国菫方言集」（『方言第五巻第一号』昭和10年）が現在発見されている全国規模の最後の方言集となっている。また、方言だけでなく、民俗学の研究も1939年の「岡山の方言ところどころ」という小論はあるものの、本格的な報告は見つかっていない。

ではなぜ清明は方言と民俗学から離れていったのか。１９３５年の「全国菫方言集」では、まだ柳田からの引用が見られ、１９３５年の柳田の「故郷の言葉」（『方言覚書』所収）には、清明の名前を出してイタドリの研究について評価している。また、確認できる柳田の最後の清明宛書状は１９３３年９月６日で、清明の結婚を祝う内容である。これらのことから、柳田と清明がケンカ別れしたとは考えにくく、次の節で触れる人物の影響による清明の学問分野の興味の移動ととらえればいいのではないかと思われる。

ただし、これまでの清明の２つの挫折、東京帝国大学へ進学がかなわなかったことと小倉中学校で教師を続けることができなかったことにより、東京や大都市での専任の研究者になることはかなわず、地方の一教員として糊口《ここう》をしのぐ現在の自分の境遇を見たときに、東京に在住し号令を飛ばして地方から資料を吸い上げる柳田に複雑な感情を持ったとしても不思議はない。やがて30代を迎えた清明は、自分が本当にやりたかった学問に出会い、終生の師の一人と言える人物に師事するようになっていくのである。

二、南方熊楠との交流

清明が柳田と交流を持ちながら多くの方言集を編纂していた1931年ごろから、別の人物とも交流が始まっている。それは和歌山県田辺在住の博物学者南方熊楠《みなかたくまぐす》（1867〜1941）である。南方は和歌山城下に生まれ、渡米・渡英し、雑誌「ネイチャー」などに投稿するなどした。帰国すると田辺で本格的に研究者の道を歩む。粘菌《ねんきん》の研究やその奇行ぶりが有名であるが、清明と南方の出会いについては何もわかっていない。ただ、清明が清心高等女学校に勤務していた1931年ごろには既に清明と南方は書状のやり取りなどをしていることが分かっている。

南方熊楠
南方熊楠顕彰館（田辺市）所蔵

南方熊楠顕彰館に残る日記によると、１９３１年4月15日に清明から『岡山行幸記念生物論集』が送られたことが記されている。現在残されている記録としては、この日が清明と南方の交流を表す最も古い日付である。その後も日記には手紙のやり取りや清明から『浅口郡植物誌』などの書籍などが送られてきたこと、同年11月23日と１９３２年11月24日には清明から富有柿入りの木箱が到着したことなどが記されている。

その中でも特筆すべきことが、清明からの岡山の粘菌送付である。１９３１年10月16日を皮切りに、数度にわたって清明が南方に粘菌を小包で送っている。その粘菌の数は多いときで24点にものぼり、それを南方は弟子に審査させたり、時には備中玉島産の粘菌を「甚だ面白き態也」と日記にしたため、お礼状を出したりしている。南方の専門分野である粘菌を数度にわたって送ることが、南方と清明の親しい関係を表している。

ではなぜ、清明がそれほどまでに南方に親しみを覚えたのか。それは、南方が柳田とは反対に、中央とは一線を画した和歌山田辺で独自の研究生活を送る市井の研究者であったところに共感したのではないかと思われる。地元を愛し、田辺湾に浮かぶ無人島、神島《かしま》の保存運動を起こしてそれを守った、そんな人物像が清明自身の境遇と重なり、親近感を覚えたとも言えるのではなかろうか。

そんな関係だからこそ、南方にあてた書状の中に、清明の思いが吐露している記述が見られる。南方熊楠顕彰館所蔵の南方宛１９３２年7月1日付清明書状には、

（前略）博物全体の一般普通現象と方言の分布とを調べ居り候、小生の念願は植物分類なら分類で（中略）一度御口授を得たく候も何分生活に追はれて寸暇なく全く困り居り候（後略）

とあり、清明が本当にやりたいことは植物分類であるが、生活に追われて寸暇もなく困っていると心情を打ち明けている。この書状を書いた１９３２年ごろは、まだ方言集を編纂しているころであるが、そのころから本当は方言の収集ではなく、植物の分類をしたかったと思っていたことが分かる。それが数年後に柳田と民俗学から決別し、本格的に植物学へとその学問の領域を移していくことにつながっていった。

清明の南方への思いは次のことからも分かる。清明は柳田とも面会しているが、それ

は柳田が岡山に来たときであって、自ら東京に出向いて行った形跡は見られない。しかし、南方が住む田辺には金光中学の後輩で大阪在住の髙橋小太郎（トピック②参照）とともに清明自ら出向いて行き、晩年の南方と面会をしている。それだけでなく、１９４１年に南方が亡くなった後、戦後になっても清明は和歌山を訪れ、植物採集などを行っている。それだけ南方との思い出深い土地であったということであろう。

戦争の暗黒の時代を経て、１９４８年、岡山民俗学会が発足する。その設立者の中に、同じ『岡山文化資料』の仲間であった桂の名はあるが、清明の名前はない。一方で、戦後すぐの１９４５年には岡山博物同好会を自ら立ち上げている。清明が進む道は既に定まっていたのである。

三、戦前・戦中の清明

方言の分野で学問の徒となった清明は、清心高等女学校の教師として生物学を教えながら、昭和初期の20代後半を方言集の編纂に費やした。やがて、柳田国男・南方熊楠という出会いを経て、博物学という自らの進む道を見定めた清明だったが、時代は戦争という大きな影を落とす。

30代後半から40代前半という大事な研究の時期を清明は戦争によって奪われた。清明自身が戦争に行くことはなく、教師としての仕事を全うしていたが、研究としてはこの10年間に大きな成果を残していない。それほど苦しい時期であったところに、さらに岡山空襲という追い打ちがかけられた。岡山市の中心部、内山下《うちさんげ》にあった清明の居宅は空襲によって全焼し、清明は故郷里庄に疎開せざるを得なかった。一部の書籍などはあらかじめ避難していたが、多くの貴重な資料などはこの空襲で灰燼《かいじん》に帰した。

時代は前後するが、もう一つ清明に大きな影響を与えた災害がある。それが1934年の室戸台風である。9月20日から21日にかけて関西を襲った台風は、岡山にも大きな被害を及ぼした。清明が書いたとされる21日午後5時の被害見取図がある。そこに書かれたメモによると、清明の居宅は高台にあり、家族一同無事であったが、心配してお見舞いくださる方々に向けて被災時の様子を克明に図に記している。浸水の様子や、教師であった清明らしい各学校の様子などが克明に記され、被害者が書いた記録として貴重な資料となっている。室戸台風と岡山空襲による疎開で、戦後の清明の活躍場所は地元里庄に移っていくのである。

（木下浩）

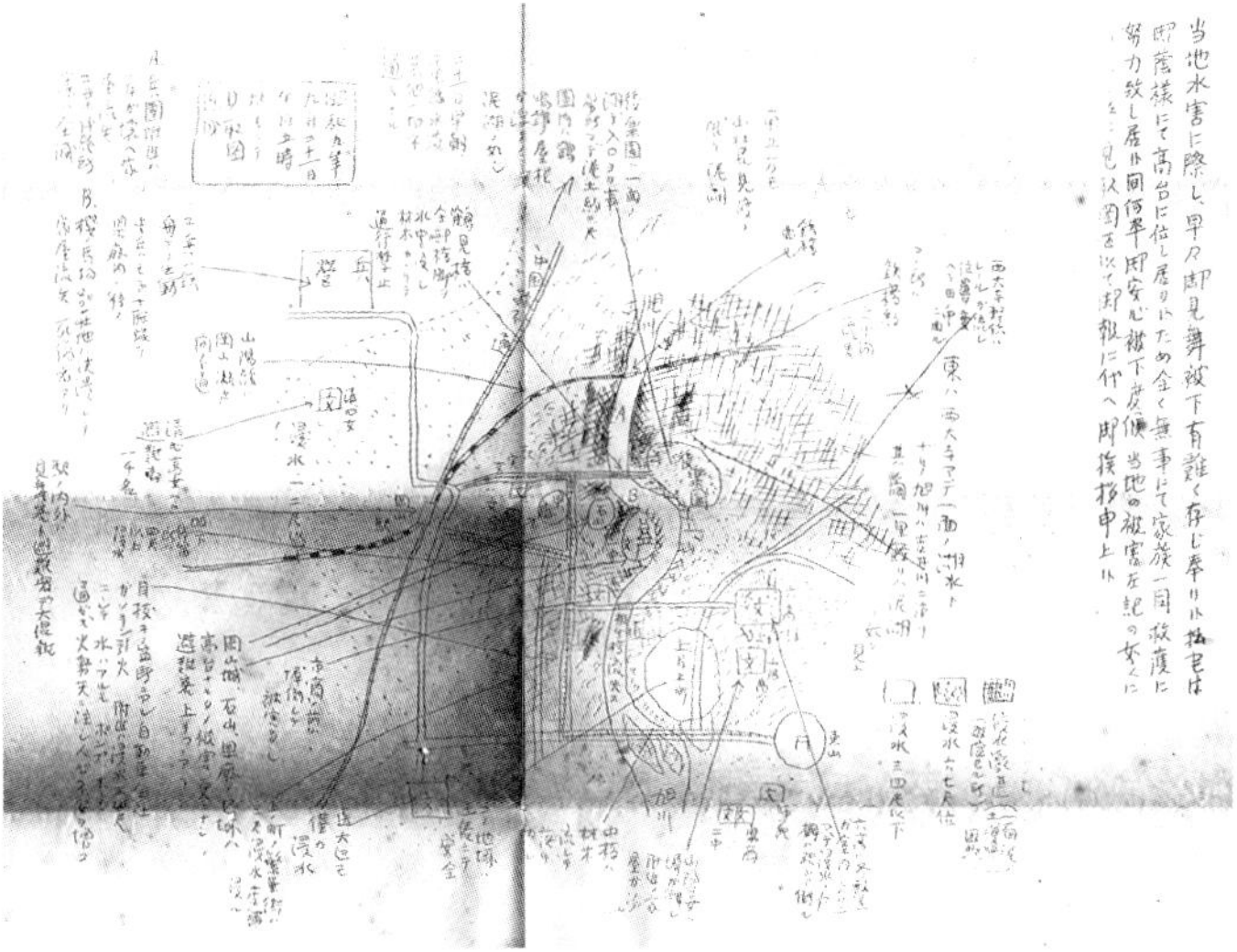

室戸台風被害見取図

トピック① 【清明と方言研究】

清明は、同世代の方言学者、橘正一（1902～1940）が発行していた『方言と土俗』（昭和5年～9年）に参加していた。清明がなぜ方言の収集を始めたのかについては、第4巻第3号の「方言研究者合評会（佐藤清明氏の巻）」（昭和8年）で、5人の研究者が清明について語った中に出てくる。清明は、地名や地理関係の方言を集めていた牧瀬という人に感化され、柳田国男により自分も方言を集めてみようという気になったと言っていたという。そして、清明は「全国メダカ方言語彙」（『国語教育』第16巻第9号昭和6年）で、次のように述べている。

（前略）メダカの方言は限り無くある。しかも其の各々は標準語の普及と共に滅びつゝある。（中略）方言を研究してそれが何になるかと、こんな議論のみに徒に時を費して居る間に、（中略）方言は遠慮も無く、スタ〳〵と再び現はれざる世界に刻々没して行きつゝあるではないか。私は今日は理窟を避けて、たゞメダカ方言語彙のみを御紹介し度い。（後略）

当時清明は、動植物や民俗など同時にいくつもの方言を収集して、次々と発表していた。清明は、岡山県の中である程度（３００語を目指していた）方言が集まると「予報」を出し、魚類学者の田中茂穂（第一章参照）をはじめ、各分野の権威に捧げ、各地から方言の報告を募った。柳田をはじめ研究者にも協力を仰ぎながら、語彙が増えるたびに収集した方言の範囲を全国に広げて発表していった。

清明は『岡山文化資料』第３巻第５号（昭和６年）で、「土俗や方言には門外漢で、研究の方法さえ十分に未だ了解出来て居らぬ」と謙遜しているが、前出の「合評会」で研究者たちは清明を絶賛している。方言学界の現状は動植物学者の清明に牛耳られていて悲しい。彼は独創の研究の仕方が多いから、失敗も多かったと思うが、とにかく動植物方言の分布調査では唯一人者だ。あれだけの努力を植物分布の調査に向けたら、今頃は第一人者となっていたろう。清明には彼でなければできない仕事をやって欲しい。博物史をやってもらいたい。あれだけの器量があれば、何をやっても成功するだろうが、一生、顕微鏡と睨《にらめ》っくらして終るには惜しい人だ。今までの採集を整理して、全国植物方言辞典と全国動物方言辞典とを作ることが急務だ。このような内容のことが語られている。

清明はこの時、『岡山県植物方言辞典』（昭和6年非売品50部限定）を作り上げていた。その後、『岡山県動物方言辞典』（昭和11年非売品）が発刊されたが、全国版はまだ見つかっていない。

（藤井成加）

トピック②【髙橋小太郎とカブトガニ】

髙橋小太郎は、動物学者五島清太郎博士の書生として東京帝国大学に学んだ。少年時代から笠岡のカブトガニを観察研究した知見が認められ帝大への道が開かれた。

1927年、五島博士はハンガリーのブダペストで催された国際動物学会議でカブトガニの産卵に関する論文を発表した。事前に小太郎を伴って笠岡市生江浜で実地調査も行われた。このブダペスト論文はその後長く国際的な動物学会で高く評価された。

1931年、清明がラジオ番組でカブトガニについて話すことになり、金光中学校の校長が後輩である小太郎を紹介した。二人はたちまち意気投合し時を忘れて語り合う生涯の友となった。清明は大阪の髙橋家を拠点に、高名な博物学者南方熊楠が住む和歌山県田辺市を頻繁に訪れ、熊楠に面会する僥倖《ぎょうこう》にも恵まれた。1943年、笠岡に疎開した小太郎は、清明が主宰する岡山博物同好会に参加し、カブトガニ観察会で生態について解説した。

小太郎は笠岡湾に浮かぶ木之子《きのこ》島を所有していた。干拓計画の途上でカブトガニの死滅に心を痛め、産卵地である木之子島の譲渡を拒み、干拓とカブトガニの生息を両立できる斬新な修正案を提案した。天然記念物保護の提言をしていた清明の応援もむなしく、提案は却下され、干拓は予定通り敢行された。幸い、五島博士の娘夫妻と親交のあった昭和天皇ご一家のお力添えにより木之子島は保存され、今も往時の姿を留めている。

（髙橋寿美江）

トピック③【歩兵第十連隊《れんたい》に送る歌】

清明が残した資料の中に「歩兵第十連隊に送る歌」という小冊子がある。表題の下には筆名で「佐藤星溟作歌」、楽譜付きで作曲は松田新治と書かれている。兵役に就いたことのない清明がなぜこの歌を作ったのか。『歩兵第十連隊史』（歩兵第十連隊史刊行会昭和49年）

にも佐藤清明の名前はなかった。歌詞の元原稿によると、清明が書いた返信用封筒と原稿用紙3枚に十番までの歌詞が綴られており、詩人の土井晩翠が赤字で加筆修正した文面になっている。歌詞全文を左記に紹介する。（括弧内が晩翠の加筆部分）

在満　岡山歩兵第十聯隊の某大尉に送る歌　　佐藤星溟

一、登る朝日の秋津洲　沈む夕日の大満洲　東と西に幾千里　朕が（君が）股肱の命重く　駆け廻りしも国のため。

二、きらめき亘る日本刀　かゝやき映ゆる聯隊旗　異郷の土を踏みしめて　響く靴音《くつおと》益荒男《ますらお》が　目指す理想の嶺高し。

三、世の興亡に明け暮れて　風塵遠く凌ぎ立つ　烏城の天守仰いでは（ぎつつ）吉備の平野に鍛えたる我が精鋭の十聯隊。

四、興安嶺に夜は明けて　高粱萌（芽）ぐむ朝ぼらけ　仰ぐ残月変わらねど（義は金鉄の堅うして）鴻毛軽き我が命　消えて果てなむ原の露。

五、平和を願ふ極東を　太平洋は壽けど　崑崙嵐し幾度か　吹きては反す南北江（黄）河の水は澄みやらず。

六、聖賢の骨　地に泣きて　仕（道）義の鏡塵に満ち（曇りはて）　荒涼（咆哮）遠く風啼（吹）けば　忽ち襲ふ大匪賊　教へも空し二千年。

七、零下三十冬寒く　塹壕深き陣営に　結ぶも淺き（難し）夜半の夢　銃声絶えてまどろめば　枕辺淡し　父の影。

八、あゝ南満の草みどり　爾霊山下の忠魂碑　軍の守と祀られし　その赤心の魂は再び咲きぬ紅に。

九、泰山重き君の命　櫻咲く国春たけて　南と北に父と子は　東亜に春を残すため　咲て散りなむ武士の花。

十、（天には雲をつんざきて）　爆音髙き愛國機　いなゝく空を仰ぎ見ば（地には）歴史の色を鞣がえし（染めて）　總のみ残す聯隊旗　三たび朝日に匂ふかな。（終）

この史料について仙台市にある仙台市文学館に問い合わせたところ、晩翠の筆跡によく似ている旨の回答を得た。また、清明の書簡類も含め土井家の家財は全て空襲で焼失したとのことであった。原案には「在満　歩兵第十連隊の某大尉に送る歌」とあるが某大尉とは誰か。また、書簡が届いたのはいつなのか。消印には薄く「7・5・1」らしき数字が読み取れる。書状の郵便料金は昭和6年（1931）8月から昭和12年（1937）3月までが三銭であり、年数を示す数字の形状から最初の数字は「7」か「9」であることは間違いない。第十連隊の岡山帰還は昭和9年（1934）5月であるから、某大尉は既に「在満」ではなくなる。従って「9」の可能性は消えて昭和7年（1932）5月1日に仙台から発信されたことが立証される。第十連隊第二大隊は昭和6年（1931）12月に満州へ派遣されているので矛盾はない。このほかにも満洲からの清明宛て郵便物が複数発見されている。

差出人は山本茂雄という陸軍大尉である（19ページ写真参照）。山本は清明から贈られた歌について昭和7年（1932）6月26日消印のはがきで、礼状を書いている。当時の第二大隊が岡山から宇品港出帆し大連経由でハルビン到着まで約10日を要していることから、郵便物も同程度に計算して往復で約20日間は掛かる。差し引き40日弱の間に清明は、作曲家松田新治に対してどのような交渉をしたのか、更に楽譜の完成はいつだったのかも知りたいところである。清明はまた、満洲で奮戦中の山本を激励するため「在満 山本茂雄大尉慰問の夕」を岡山市内にある「禁酒会館」（現在国指定登録有形文化財）にて開催しているが、その発起人には清明他、野田實、桂又三郎が名を連ねている。清明らとの交流は民俗学の柳田国男の座談会が発端だったこともその案内状から明らかになった。発起人は、何れも民俗学系の研究者であり、山本の人柄や学問への関心が高かったことを示している。なお、復員後の業績等は不明であるが、前述の『歩兵第十連隊史』発刊作業に携わった歩兵第十連隊史刊行会理事として同氏の名前は確認した。いずれにせよ山本が書き残した書簡類は、民俗学のみならず軍事史の分野においても今後の研究材料として貴重である。

（才野基彰）

「歩兵第十連隊に送る歌」の歌詞及び楽譜

作詞：佐藤星溟／作曲：松田新治

第三章　植物学・博物学の道へ

佐藤清明肖像

一、清明と博物学

学問の高度化、専門化が進んだ現在では、「博物学者」といえばいかにも古臭く、前時代的な響きがある。しかし、動植物や地質鉱物に加えて民俗学分野にまで及ぶ清明の多様な研究活動を踏まえれば、たとえ古風でも「博物学者」こそが、清明には最も相応しい称号と言わざるをえない。20世紀初頭に生まれ、末に没した清明は、南方熊楠に象徴される「博物学時代」の最後を生きた人物でもあった。本章では、そんな博物学者としての清明の一端を紹介したい。

清明は博物学研究の過程で、驚くほど多くの人々との交流を重ねていた。その証拠は、無数の書簡として佐藤家に残された。書簡の差出人には、先述の柳田の他にも、植物学者の牧野富太郎《まきのとみたろう》や大賀一郎、動物学者の川村多実二《たみじ》、菌類学者の川村清一、農学者の近藤萬太郎《まんたろう》、昆虫学者の門前弘多《もんぜんこうた》など、そうそうたる顔ぶれが並ぶ。書簡の多くは昭和初期のもので、当時の清明が博物学分野の全般にわたって幅広く関心を持っていたことを雄弁に物語る。まさに、博物学者としての清明の出発点であった。

以下の第二・三節では、清明が交流した学者の中から、植物学者の牧野富太郎と、アメリカの地質学者ヒューバート・シェンクに着目し、若き日の清明の活動と内面に迫ってみたい。また第四節では、清明が深く関わった博物同好会について紹介する。

二、牧野富太郎との出会いと交流

牧野富太郎（1862〜1957）といえば、「日本の植物学の父」と称され、1500種を超える植物を発見・記載した驚異的な業績と、今も版を重ねる名著『牧野植物図鑑』、そして波乱に満ちた生涯とで有名な土佐（高知県）出身の植物学者である。牧野は

牧野富太郎博士
（『牧野植物学全集第1巻』より）

また、植物知識の普及にも熱心で、全国各地の植物研究者、愛好家たちとの幅広い交流で知られ、清明もそのネットワークに連なった一人であった。清明資料の中には、牧野からの書簡が11通と年賀状４通が交流の証として残されている。

まず、清明と牧野との交流はどのように始まったのであろうか。博物学の中でも、特に植物に関心の深かった清明は、早くから牧野の名を知っていたと思われるが、直接的な交流の始まりは、最古の書簡の日付である１９３０年６月４日以前なのは確かである。この年、清明は25歳、牧野は68歳であった。

清明の叙勲を報じた１９８０年12月17日の『清心なでしこ新聞』（清心女子高等学校新聞部）によれば、清明が文検（中等教員免許検定試験）博物科に合格した際に「牧野との出会い」があり、その後の人生を決定づけたという。清明の文検合格は１９２４年７月26日、19歳のときであり、試験会場は東京であった。しかし、牧

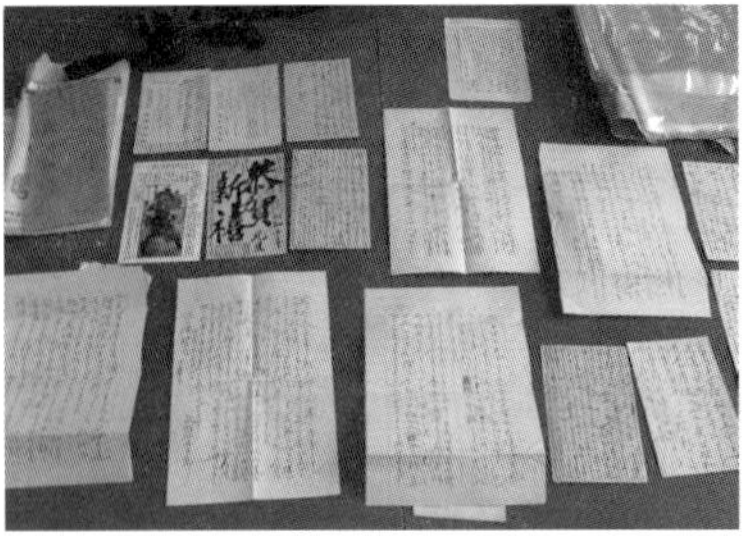

清明宛牧野富太郎書簡（佐藤家所蔵）

野は1931年12月4日付の清明あて書簡で、同年11月3日に清明の訪問を受けたときのことを「初めて拝眉を得て」つまり初対面であると記している。よって、1924年の出会いとは1対1の場ではなく、牧野も清明の存在を認識していなかった可能性が高い。いずれにせよ、20歳そこその青年にとって、高名な植物学者との出会いが大きな知的刺激となったことは容易に想像できる。

清明と牧野との交流が始まった頃、牧野は東京帝国大学植物学教室の講師の地位にあった。牧野は学歴のないことに加えて主任教授との不仲もあり、講師に就任したのは1912年、50歳のときであった。また、牧野の植物分類学者としての仕事、つまり新種の発見・記載が最も盛んだったのは明治から大正期にかけてで、昭和に入ってからは、『牧野植物学全集』刊行、『本草綱目』校訂など、長年の研究の集大成といえる活動に移行していた。これらの延長線上に、かの『牧野植物図鑑』の刊行（昭和15年）もなされている。清明が出会い、教えを乞うたころの牧野は、こうしてすでに学界の権威者となっていたが、まだ若く経験も浅い清明に対して懇切に対応していた様子は、書簡の内容からもありありと伝わってくる。

さて、清明は昭和初期、方言の調査研究に力を入れており、特に大きな研究テーマの一つが植物の方言であった。清明の研究した植物方言には、イタドリ・スミレ・ハコベ・ジャガイモ・オオバコなどがあり、1931年には『岡山県植物方言辞典』という冊子も刊行している。また桂又三郎が発行する雑誌『岡山文化資料』にも、1929年から植物方言の報告を多数投稿している（第二章参照）。それを反映してか、牧野の清明宛書簡のうち、6通が清明の植物方言研究に直接・間接に関わるものである。牧野も植物方言には深い関心を寄せており、書簡中では清明の研究に対して激励や助言を与え、時には不備を指摘したりして、研究のさらなる進展を促している。

ずっと後年の1987年、清明は『岡山民俗』第174号に桂又三郎追悼文を寄稿している。それによると、1930年の岡山県生物採集動員（昭和天皇の天覧に供する生物標本を、県下の児童生徒を動員して採集する事業。第五章参照）に際して指導に回るうち、生物方言の収集に興味を持ち始めたという。一方、同年に牧野が発行する『植物研究雑誌』上に発表した論考「岡山県ニ於ケルいたどり方言ノ分布」では、同誌において牧野が植物の方言調査が進まない現状を嘆き、学者の怠慢を一喝したことが刺激となったと述べている。以上のように清明自身の記述にも揺れがあるが、特定の出来事が契機というより、昭和初期の一連の経験の中から、徐々に植物方言への関心が高まったというのが真相ではなかろうか。

清明は、『植物研究雑誌』に、前出の「岡山県ニ於ケルいたどり方言ノ分布」と「全国はこべ方言集」の二編の論考を寄稿している。同誌は現在も製薬会社のツムラが刊行する植物学の専門雑誌として続いているが、当時は牧野の個人雑誌という性格が強く、掲載記事も狭義の植物学に限定されず、方言の調査報告といった人文的な話題も積極的に受け入れていた、大らかな時代であった。清明は前者の論考において、岡山県内で収集したイタドリ（タデ科）の方言77件を比較検討し、北部よりも南部のほうが単語が短い、南部の吉備・浅口・

イタドリの花（筆者撮影）

児島地域において最も多様性が高いといった傾向を報告している。牧野はこの論考に対し、1930年6月4日付の書簡で「この様に綿密ニご研究になられてこそ方言研究の価値のあることと存じます」と高く評価し、他の植物方言にも研究を広げるよう助言している。

またこれとは別に、清明は調査範囲を全国に広げた「全国イタドリ方言集」(『愛媛県周桑郡郷土研究彙報』第10号昭和6年)という著作も牧野に贈呈した。それに対して牧野は1931年5月13日付の書簡で、清明が土佐でのイタドリの方言を「いたずり」と表記したことに対し、正しくは「いたづり」で

岡山県におけるイタドリの方言分布図
(「岡山県ニ於ケルいたどり方言ノ分布」より)

あり、土佐では「ず・づ」の違いを区別して発音する、と注意しており、土佐人としての牧野のこだわりが感じられ興味深い。この一件は清明もよほど印象に残ったとみえて、後の著作「神秘の方言イタドリ考」（発行年不詳）でも披露している。

もちろん、清明の関心は植物方言だけにあったのではなく、植物標本の収集や分布調査も並行して盛んに行っていた。1932年に『浅口郡植物誌』を刊行したほか、コケ植物や海藻、地衣類といった地味な分類群にまで手を広げ、目録類を次々に発表している。

なお、植物方言以外では、前述の生物採集動員と天覧に関連する1930年6月27日付書簡も興味深い。文面から推測するに、清明は、天覧の際にイヌノフグリ・ママコノシリヌグイといった下品な和名の植物が昭和天皇の目に触れることを危惧していたふしがある。それに対して牧野は「陛下も却て御微笑、（植物には種々可笑な名もあるものと）遊ばす事と思はれます」と述べ、清明を安心させようという心遣いを見せている。

また、1935年10月11日付の書簡は、同年8月に岡山県を訪れた際、新見駅で清明からスイカをふるまわれたことへのお礼であり、採集旅行中の和やかな一場面が想像できる。研究とは直接関係ないかもしれないが、各地の植物愛好家たちと親しく交流する牧野の人柄がしのばれる。牧野からの個人的な書簡はこの礼状が最後であるが、1931〜1937年の年賀状4通や、1939年の牧野の喜寿記念祝賀会の礼状（印刷物）などがあることから、その後も牧野との交流は続き、敬愛の念は薄れることはなかったと思われる。

さらに近年、清明と牧野の密接な交流の証拠が新たに発見された。清明は生前、自身の採集や交換によって約一万点の植物標本を収集しており、没後の1999年に倉敷市立自然史博物館に寄贈された。まだ未整理の部分も多いが、戦前から戦後にかけての全国各地の植物を含んだ貴重なコレクションである。この標本群から見いだされたのが、牧野のラベルを伴う50点の竹笹類標本である。採集地は関東以西の1都15県で、採集者名は未記入だが、ラベルの筆跡や採集年月日・採集地のデータから、牧野の収集品であることが確定できる。譲渡の経緯は

佐藤清明コレクションから見つかった牧野竹笹標本（倉敷市立自然史博物館所蔵）

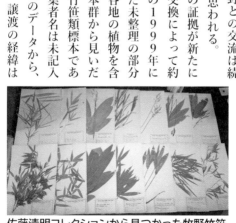

不明だが、牧野が清明に個人的に譲った可能性が高く、50点もの標本という「気前の良さ」は、牧野が清明に寄せる期待の大きさの指標と解釈できるかもしれない。

こうした牧野との交流は、清明の博物学研究にどんな影響を与えたのであろうか。

昭和初期、20代から30代前半だった清明は、知的好奇心と若い感性の赴くままに各方面にアンテナを張り巡らせ、情報の収集と蓄積に努め、自らの進むべき道を模索する過程にあったと考えられる。植物方言の研究も、植物自体への関心に基づくと同時に、自身が手掛ける方言研究の一環としてもなされた可能性が高い。イタドリの方言報告を、牧野だけでなく柳田国男にも送付しているのは、まさにその証拠である（第二章参照）。

その後、おそらく昭和10年代を転機として、清明は方言や習俗研究という民俗学分野から離れ、戦後は植物を中心とする博物学（自然史）分野に研究を特化させていく。その背景として、南方熊楠との出会い（第二章参照）に加え、牧野の存在も大きかったのではなかろうか。自ら全国各地に出向き、地元の植物研究者、愛好家たちと積極的に交流する牧野の姿が、清明に大きな感銘を与え、植物への関心を一層高めた可能性は高い。

ここで、清明の植物研究の傾向にも触れておきたい。清明の植物に関する業績は、戦前の植物方言研究、膨大な植物標本と情報の収集・集成、戦後の植物を始めとする天然記念物の調査と保全活動、そして植物を含む自然史分野の啓蒙的著作などにほぼ集約される。一方で、南方熊楠への書簡で植物分類への志向を述べているにもかかわらず、植物分類学や植物生態学の原著論文といった、いわば純粋植物学に属する業績は見当たらない。確かに、専門教育を受けていないアマチュアが、分類学などの分野で活躍するのは至難とはいえ、清明がもし自らの能力を特定分野に傾注していれば、一定の業績を挙げることも不可能ではなかったであろう。清明が専門家への道を進まなかったのは、経歴や境遇による制約以外に、何らかの要因があったのであろうか。

想像ではあるが、清明は牧野をはじめとする多くの研究者と接し、各分野と自らの関心とのすり合わせ、試行錯誤を重ねる中で、最終的に自然分野に研究を特化させていった。その際、情報の収集や整理に長けた自らの特性に合致し、方言研究などで蓄積した民俗学的素養も活用できる「博物学者」への道を選択したのではなかろうか。清明が教えを仰いだ牧野も、植物分類学の専門家でありつつ、和漢の古典籍や各地の植物方言などに通じ、その学識は著述にも存分に活かされている。このような牧野の博物学者的な一面も、清明の研究方針に影響を与えたかもしれない。清明と牧野の交流は、清明自身の日記や、清明から牧野に宛てた書簡などが発見されていないため、その契機も含めてまだ不明な点も多い。しかしいずれにせよ、清明の研究活動に牧野が果たした役割は大きく、その書簡は「博物学者 佐藤清明」の誕生を告げる記念碑ともいえるだろう。

（岡本泰典）

三、シェンク教授と清明

清明の遺品の中にスタンフォード大学のラベルが付いた貝の標本がある。採集地にはハーフ・ムーン・ベイやシェルター・コーブといったアメリカのカリフォルニア州やワシントン州などの地名があり、採集者はM. Keen《キーン》と記されている。標本の由来は長らくわからなかったが、佐藤清明資料保存会の活動を通じて英文の書簡が発見され、その後の思わぬ展開へつながっていった。

書簡の差出人はスタンフォード大学地質学部のHubert《ヒューバート》 Gregory《グレゴリー》 Schenck《シェンク》教授

（1897〜1960）であった。シェンク教授は地質学者（古生物学専攻）であり、軍人である。第二次世界大戦後、GHQの天然資源局長官となり、日本の鉱物や地質、農林、水産などの調査にあたり、農地改革を推進した。また、生きている化石メタセコイアの植樹事業にも関わっていたことで知られている。オランダ移民の末裔で、Schenckはスケンクとも発音されるが、後年に初対面した際、清明の問いに本人は「オランダの先祖の家名はスケンクだが、自分はスケンクと呼ばれたことはない。生まれた時からシェンクと呼ばれている。まあ、どちらでもよい」と答えている。

書簡の日付は昭和11年（1936）12月16日、趣旨は「東京の平瀬さんからの提案で本状を差し上げる。備前地域周辺の*Arca*《アルカ》の標本をぜひ入手したい。交換にアメリカ産の貝を送る」であった。平瀬とは日本貝類学会で活躍されていた平瀬信太郎と思われる。あの標本はシェンク教授からの返礼品だったのだ。

では、シェンク教授が求め、それに応えて清明が送った*Arca*とは何であろうか。*Arca*とは、動物分類学ではフネガイ属で、岡山県内にはフネガイ（*Arca abellana*《アヴェラーナ》）とコベルトフネガイ(*Arca boucardi*《ブーカルディ》)の2種が分布している。いずれも普通種であるが、清明はこれらの標本を送ったのであろうか。ノアノハコブネガイ（*Arca noae*《ノアエ》）の可能性もあるが、この種の分布は地中海から大西洋東部であり、備前はおろか、日本にもアジアにも分布していない。手がかりを失いかけたとき、解明へと導いてくれたのは貝類分類学を専門とする岡山大学の福田宏准教授であった。福田准教授によると、*Arca* とは、現在ならフネガイやコベルトフネガイが該当するが、当時ならアカガイやハイガイなど大型で殻のふくらみの強いフネガイ科の貝類を指したもので、備前の *Arca* と指名して求めたならハイガイであろうとのことであった。

それを裏付けるように、シェンク教授は1938年に熱帯域のハイガイから日本周辺のハイガイを別種として分離し、*Anadara*《アナダラ》 *bisenensis*《ビセネンシス》 Schenck《シエンク》 and《アンド》 Reinhart《ラインハルト》, 1938 として新種記載している。種小名の *bisenensis* は「備前の」という意味である。新種記載をする際に指定するホロタイプ（ただ1点の正基準標本）は備前産で、清明が提供した標本と思われる。図版にはハイガイの写真が掲載され、協力者には K. Sato と清明の名前を見つけることができる。清明が送った標本がハイガイのタイプ標本になったのである。ただし、日本周辺のハイガイを別種とするシェンク教授の主張は残念ながら広くは認められず、現在のハイガイの学名は *Tegillarca*《テギラルカ》 *granosa*《グラノサ》（Linnaeus《リンネウス》, 1758）となっている。

清明の盟友であり父である高橋小太郎（トピック②参照）と清明の会話を聞いていた高橋寿美江の私信によると、清明はシェンク教授が希望する備前の *Arca* がいずれの種を指すのかについて確信が持てず、近縁な種を送ったということであった。清明が送った標本がハイガイのみであったのか、他の種が含まれていたのかは現時点で不明である。ちなみにハイガイは縄文時代早期以降に北海道函館以南の各地の貝塚から化石が見つかっており、かつては分布が広く多産した貝であったが、その後は衰退し、現在は有明海などの一部に残存するのみとなっている。岡山県では江戸時代末期には重要な漁獲対象となっていたという。清明が採集した当時は、児島湾は有明海と並ぶ代表的な産地のひとつとなっており、シェンク教授にとって備前の *Arca* といえばハイガイであったと思われる。その後、備前のハイガイは海岸の改変や水質の悪化などによって減少の一途をたどり、１９５９年の児島湾閉め切りによってついに絶滅してしまった。

清明がハイガイを発送した記録は見つかっていないが、シェンク教授からの１９３７年３月９日付けの書簡によると、標本は同年１月29日に到着している。シェンク教授からの最初の書簡にカリフォルニアで消印が押されたのは1936年12月17日午後1時であったが、清明から送られた標本は早くも年明けの1月29日にはシェンク教授の手元へ届いている。極めて迅速な対応であり、清明の性格の一面を表していると言えよう。

シェンク教授はさらにザルガイ類またはタマキガイ類について標本の交換を提案しているが、その後の経過は現時点で不明である。清明が具体的な種を絞り切れないでいる間に日米開戦が現実味を増していったのかもしれない。

シェンク教授から贈られた北米西海岸産の貝類標本

清明が提供したハイガイに対する返礼品であることが判明した。採集者はM. キーン。写真は発見時のもので、国内産と思われるサザエやオニアサリ、ヨメガカサなどが混在している。

返礼品の貝の採集者にあったM. Keenは、後に「軟体動物学のファーストレディ」と称される、今なお数少ない女性の貝類学者Angeline《アンジェリン》 Myra《マイラ》 Keen《キーン》（１９０５〜１９８６）と判明した。当時はスタンフォード大学の学芸員だったと思われるが、その後、戦争で男性教員が戦場へ駆り出されると、教壇に立つようになり、教授でその職を退いている。１９５８年には「熱帯西アメリカの海産貝類」を著している。

シェンク教授と清明との交流は、戦争のため一旦中断してしまうが、終戦後、シェンク教授がＧＨＱの天然資源局長官として来日し、総司令官マッカーサー元帥の腹心として働くようになってから再開している。清明は、戦後間もなく発足した岡山博物同好会の創設メンバーの一人で、初代の会長を務めている。「岡山自然史博物館」の創設を掲げ、１９４８年にはシェンク長官の助力を求めて上京し、面会まで果たしている。残念ながらその夢は実現しなかったが、戦後の混乱が続く中、岡山という地方都市に自然史博物館を作ろうという、その先見の明と情熱、行動力にはただただ脱帽である。（江田伸司）

四、清明と同好会活動

自然界を研究対象とする博物学の分野では、新種の発見や生物の生態解明などにおいて、アマチュアの研究者、愛好家らの果たす役割が極めて大きい。そして彼らは、相互の親睦や情報交換、共同研究などのために、しばしば同好会や研究会を組織してきた。清明もまた、一人のアマチュア研究者であると同時に、並々ならぬ情熱をもって仲間たちを同好会にまとめ上げ、組織運営の点でも手腕を発揮した。ここでは、清明が関与ないし主導した3つの同好会活動について紹介する。

清明が本格的に関わった最初の同好会は、昭和10年代に活動した「岡山博物趣味の会」という団体であろう。この会の存続期間や活動内容の詳細は不明であるが、清明資料中にあった同会のチラシによると、同会は博物趣味愛好者に広く門戸を開き、「自然愛好の念慮を深めその神秘に触れる」ことを趣旨としていた。相談役は第一岡山高等女学校の井上清一はじめ6名、世話役は金川中学校の宗田克巳《そうだかつみ》はじめ9名で、清明は世話役の一人に名を連ねている。ただし、会の事務所は岡山市内山下石山の佐藤清明とあり、実質的に運営実務を担ったのは清明であろう。

博物趣味の会の発足の契機として、次の二点が考えられる。第一に、清明が１９２３年から翌年まで勤務した第六高等学校では、１９０３年に大渡《おおわたり》忠太郎《ちゅうたろう》教授が中心となって岡山博物学会が設立されており、清明がそれに触発を受けた可能性である。第二は、１９３０年に行われた生物採集動員に、県内から多数の教員が各自治体の委員として参加したことである。この事業を契機として、県内の動植物研究者の交流が深まっていくが、博物趣味の会の発足も、この流れの延長上にあったのではなかろうか。

会の活動内容としては、チラシには採集会・見学会・座談会・講演会・展覧会・研究会・その他の７項目を挙げている。主要な活動のひとつに、

第１回昆虫採集会（1937年７月27日）
前列左端が清明

岡山天満屋における「趣味の博物展」があり、第一回は１９３７年に開催されている。このほか清明資料には、「趣味の博物展」や、１９３７年７月27日に行われた第一回昆虫採集会などの写真があり、戦前の博物学研究の歩みを知る上で貴重な資料である。さらに博物趣味の会は、１９４０年６月２日に、神武天皇の東征に関わる「高島聖蹟」調査の一環として、児島湾に浮かぶ高島の植生調査を実施した。清明はその結果を『参修高島考』（水原岩太郎編昭和15年）に掲載し、植生の概要や特徴的な植物を紹介している。

昭和10年代後半に入ると、岡山博物趣味の会の活動は確認できなくなる。会の終焉の時期や理由は定かではないが、戦時色が濃厚になるにつれて、博物学研究などに費やす余裕はなくなり、会も休止を余儀なくされたのであろう。そのような短期間とはいえ、このときの活動経験が、戦後の同好会運営においても発揮されたと考えられる。

そして戦後間もない１９４５年12月27日、清明は新時代の幕開けとともに、新たな同好会をスタートさせる。これが「岡山博物同好会」である。

同日、倉敷市の大原農業研究所（現、岡山大学資源植物科学研究所）に、清明を含む16名の研究者有志が結集し、岡山博物同好会が誕生した。活動内容や推移については清明が1975年に公表した「岡山博物同好会30年の歩み」に詳しい。

発足時のメンバーには西門義一《にしかどよしかず》（植物病理学）、深谷昌次《ふかやまさつぐ》（昆虫学）ら大原農業研究所の研究者をはじめ、のちに岡山県の昆虫研究や自然保護に活躍する重井博や黒田祐一らもいた。会長には「博物趣味の会を数年続けた」という理由で清明が就任した。会の主な活動内容は、例会・大会・採集会・虫供養・懇話会・会誌発行、そして「学徒博物コンクール」であった。以下、主要な活動について見ていこう。

例会・大会では毎回、各分野の研究者による講演が行われた。たとえば1946年10月6日の第十回例会では、山川東平「薬用昆虫について」、髙橋小太郎「金浦湾のカブトガニについて」、佐藤清明「岡山県の古生物」の3本の講演があった。戦前か

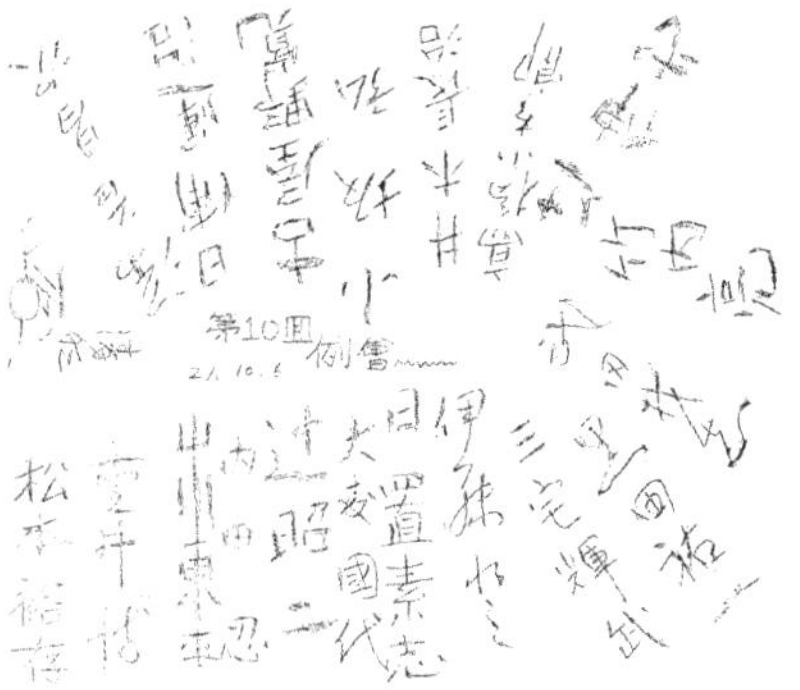

第10回例会参加者の寄せ書き
左端中央が清明
（『岡山博物同好会々報 予報ソノ4』より）

ら清明と親交があった髙橋は、当日カブトガニの生体を会場に持ち込み、自身が手掛けたカブトガニの産卵の研究成果について解説した。

採集会は神庭《かんば》の滝、伯耆大山《ほうきだいせん》、美作三湯、臥牛山《がぎゅうざん》、笠岡の海岸などを会場として、会員のみならず一般にも広報して多数の参加者があった。大山での採集会では雷雨に見舞われて撤退し、せっかくの採集品を入れた管瓶を置き忘れるという失敗談もあったという。

虫供養は本会のユニークな活動の一つで、昆虫採集や害虫駆除の犠牲となった昆虫をはじめ、およそ古今東西のあらゆる生物の霊を慰めるために開催された法要である。倉敷市鶴形山の観龍寺を会場に、虫の位牌（普天諸蟲之霊）を作り、現役の僧侶たちによる読経を行い、抹茶席も設けるという本格的な法要であった。

学徒博物コンクールは本会の活動を特徴づけるもので、小学校・中学校・高等学校生徒による博物学（生物・地学）に関する研究成果発表の場となった。1等の「大原賞」は賞金1万円と棟方志功《むなかたしこう》デザインの賞状授与、審査員も岡山県内在住および出身の各界専門家10数名に委嘱するという破格ぶりであり、これも大原財閥の全面的な支援の賜物であろう。審査員には岡山大学の教授陣に加え、大賀一郎（植物学）、川村多実二（動物学）、小林晴治郎《はるじろう》（寄生虫学）、本田実《みのる》（天文学）ら、当代一流の学者たちが名を連ね、厳正な審査が行われた。このコンクールには毎回50題前後の発表があり、県内のみならず近県からの応募もあって、「西日本のノーベル賞」と言いはやされたという。現在も盛んに行われる、児童生徒の自由研究コンクールのはしりといえる活動であった。

　数々の行事を盛況のうちに挙行し、発展を続けるかに思われた同好会であったが、数年のうちに取り巻く環境が徐々に変化し始める。まず１９４７年、農地改革により大原農

第１回学徒博物コンクール
（1948年10月３日、背景は大原農業研究所。右から３人目が清明）

研が財産の農地を失い、さらに1952年には研究所自体が岡山大学に移管されたことで、同研究所に本拠を置く博物同好会の活動が困難になった。また主要メンバーの多くが岡山県外に新たな職を得て転出したことも活動に支障を招いた。そのため、機会を見て再開することを念頭に置きつつ、いったん会の活動を休止することとなった。確認できる範囲では、1953年には学徒博物コンクールが開催されているようなので、活動休止はこの年ないし翌年であったと考えられる。

こうしてしばしの眠りについた岡山博物同好会は、1960年代後半に至り、偶然の機会から復活を遂げることとなる。

1967年、国際生物学事業計画の一環として、文化庁の主導により各県の植生調査が実施された。清明はこの調査の委員に任命され、県内研究者たちの協力を得て短期間のうちに植生図を作成、公表した。この調査を機に、自然愛好者間の親睦を深めようという機運が盛り上がり、井原市在住の三宅一喜が中心となって翌年に「岡山博物同好会備西支部」が発足し、機関紙『備西の自然』の刊行も始まった。ここに、岡山博物同好会が10数年ぶりの復活を果たしたのである。初代会長は清明であるが、実際に運営を取り仕切っていたのは三宅であり、後に三宅は第二代会長に就任している。また、一応は倉敷に次ぐ「備西支部」とはいいながらも、実質的には新たな本部の発足であった。

1973年には、会員数は370名に増加し、会員の居住地は県下7市11郡（当時）に及んだ。岡山博物同好会備西支部という名称も実状にそぐわなくなったため、「岡山県自然愛護協会」と改め、会誌も『岡山の自然』へと改称がなされた。同誌や新聞記事によれば、同会は県内の自然観察会、植生調査、県内外の天然記念物現況調査、独自の資格「自然保護士」の育成など多様な活動を行っている。ただ、県内の他の研究会・同好会とのつながりはあまり強くはなかったようである。

会の活動の一環として、井原市芳井町吉井の「早川のカヤ」の調査と天然記念物指定の経緯について紹介したい。会誌『備西の自然』第3号（昭和46年）によれば、1968年8月4日、復活した博物同好会の第一回例会が旧芳井町を含む井原市内で開催され、その際に「早川の大榧《かや》」の調査も行われた。調査結果の重要性を考慮してか、さっそく同年9月29日の第二回例会において所有者に佐藤清明名義の認定証の交付がなされ、当日の認定式では公民館長の記念講演や町教委指導主事の祝辞も披露されたという。その後、1980年に本樹は芳井町の天然記念物に指定され、井原市との合併に伴い2005年には井原市指定となっている。

岡山県自然愛護協会はその後も多彩な活動を続けていたが、平成に入ると次第に三宅個人による文化財的な巨樹・名木の調査が中心となり、いずれかの時点で事実上の休止状態になったようである。三宅は2019年に死去し、これをもって清明に直接つながる同好会活動は終焉を迎えたといえよう。現在、県内で活動する自然史系の団体はいくつもあるが、メンバーの世代交代も進んでおり、もはや清明とのつながりは希薄である。

早川のカヤ
（1968年9月29日佐藤清明撮影）

清明が取り組んだ同好会運営は、県内の天然記念物調査などと並び、どちらかといえば公的な性格の強い活動である。戦前を中心とした、民俗学・博物学にわたる幅広い調査研究活動と比較すれば、その内容が華やかさに乏しいことは否めない。しかし、岡山博物同好会をとってみても、活動の多様さと質の高さは驚くばかりであり、それらを統括した清明の学識と情熱は計り知れないものがある。中でも、学徒博物コンクールや天然記念物調査が、若手研究者の育成や各自治体の文化財指定に貢献したことは間違いなく、その意義は実に大きい。これもまた、顕彰されていくべき清明の業績である。

（岡本泰典）

第四章　天然記念物・文化財の保存

佐藤清明生家の現在の「菊桜」

「菊桜」の学名は *Cerasus* Sato-zakura Group 'Chrysanthemoides' Miyoshi（勝木俊雄『桜の科学』令和２年）

一、『天然記念物調査録』

清明は1948年7月1日、岡山県より岡山文化財専門委員、同7月20日に岡山県国宝重要美術品史蹟名勝天然紀念物調査委員会委員を委嘱された。『天然記念物調査録』50冊は、清明が11月より勝田郡を始めとして岡山県下各地を巡り天然記念物の調査をしてガリ版刷り冊子として作成したものである。この『天然記念物調査録』50冊には別冊として天然記念物・文化財の調査録が綴じられた2冊（これ以降補遺冊とする）が付属している。

清明の資料にはこの『天然記念物調査録』50冊と補遺冊2冊とは別に後年に再編集した調査録冊子がある。背表紙に『天然記念物調査録』と書かれ地域名が下に記されたバインダー7冊があり、

天然記念物調査録 50 冊と補遺 2 冊

それぞれのバインダーの中には、真庭9冊、津山・苫田8冊、総社・吉備・川上7冊、阿哲・新見3冊、井原・笠岡6冊、備前14冊、勝田・英田・久米11冊の調査録が挟まれていて、その中には天然記念物調査録と文化財調査録の2種類がある。冊子の表紙左上に番号が入っており、総数は58冊（同じ冊子が数冊あるものは一冊と数えている）である。その番号は、1から81まであるが、途中には空番号も多数あり81が最終番号かどうかは断定できない。

バインダー内の冊子は、清明が1949年5月より1959年4月の間に調査し、天然記念物・文化財の調査録を冊子にしたものである。

バインダーに挟まれた58冊の中には、補遺冊の中に同じ表題で調査録が綴じられている冊子もあり、『天然記念物調査録』ガリ版刷り50冊と補遺冊2冊とは別に、後年に再編集されガリ版刷り冊子として残されたものである。

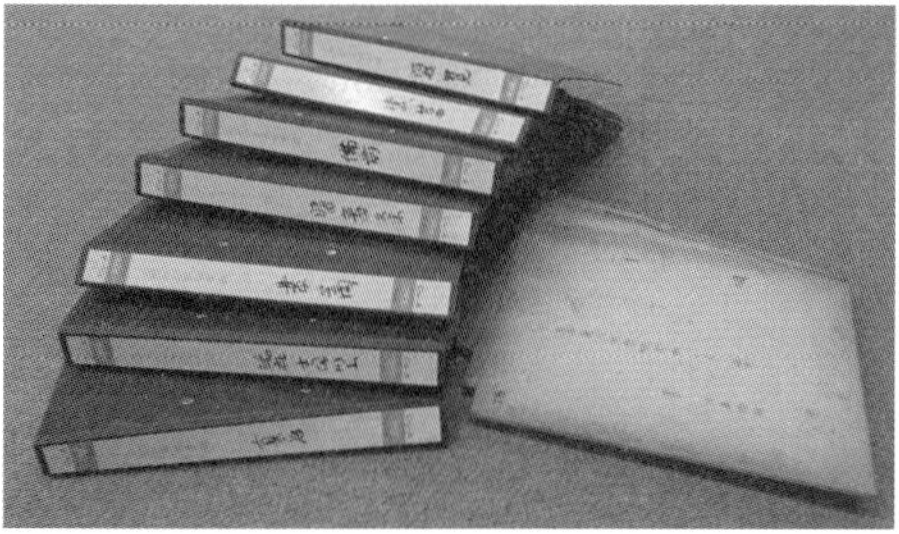

天然記念物調査録バインダー７冊と調査録１部

『天然記念物調査録』50冊と補遺冊2冊、それとバインダーに挟まれている『天然記念物調査録』と『文化財調査録』の58冊は、今後の調査研究の資料となるだろう。（髙橋達雄）

二、国宝重要美術品史蹟天然紀念物調査委員会

清明は、戦前から教職の傍ら植物、粘菌、動物や鉱物などの調査研究を行っていたのは前述の通りである。

南方熊楠は神社合祀《ごうし》反対運動を起こし、自身の研究対象となっていた粘菌の生育場所である社叢を守ろうとした。また「菊桜」の発見に関わった「桜博士」三好学は天然記念物保護思想を日本に紹介し、戦前の「史蹟名勝天然紀念物保存法」制定のきっかけを作った人物である。また六高の校庭で「菊桜」を育てた大渡忠太郎も、『岡山県史蹟名勝天然紀念物調査報告第二冊』（大正11年）でカブトガニの繁殖地について報告している。このような彼らとの繋がりからも清明の天然記念物の保護に対する関心は高かったと思われる。

終戦直後の1945年10月にはGHQの部局としてNRS（天然資源局）が設置さ

れ、日本の農地や天然資源についての調査が行われたが、天然資源局長は戦前に清明と貝の件で交流があった地質学者シェンク博士という奇遇もあった（第三章参照）。

文部科学省ホームページによると「戦時中停止されていた重要美術品等の認定および名勝天然記念物の指定に関する事務は、1945年10月から再開された。このうち、重要美術品については、戦中戦後の混乱状態のために散逸、損壊や海外流失等の事態にかんがみ、特にその調査、認定が急がれたのである。このため、文部省では、重要美術品等調査費補助金を計上し、各都道府県に調査員を設置して基礎的調査を進めた。」とある。

戦後の混乱期、各地の史跡や社寺の多くは経済的に維持出来なくなり宝物が売られたり所在不明になったりしたものも多かったという。また燃料や建材不足のため貴重な森林の乱伐などもあり、各地の史跡や天然記念物を調査、保護することは急務であった。

岡山県では1948年7月に「国宝重要美術品史跡名勝天然紀念物調査委員会」が設置され、清明を含む委員17名が任命された。（76頁図参照）

委員の中に生物学・地質学に広く通じている人は他になく、清明は天然記念物に関して県内での専門家と認められていたことが分かる。以降、清明の調査活動は、教職の傍ら取り組んできた個人的活動から、文化財保護行政の担い手としての活動となる。50回、100日にも及ぶ現地調査には、調査地の行政・教育関係者に加えて在地の研究者等が同行した。

清明が残した『天然記念物調査録ソノ一』によると委員会は1948年11月20日から調査を開始している。冒頭に記録の目的が述べられているので引用する。

この冊子は単なる手記であって備忘の一端である。調査日記風に手あたり次第に記録したにとどまるから、随分、考え違いや聞き誤まりもあるだろうし、思わぬ見当はずれもあろう。識者の教えを待つ。

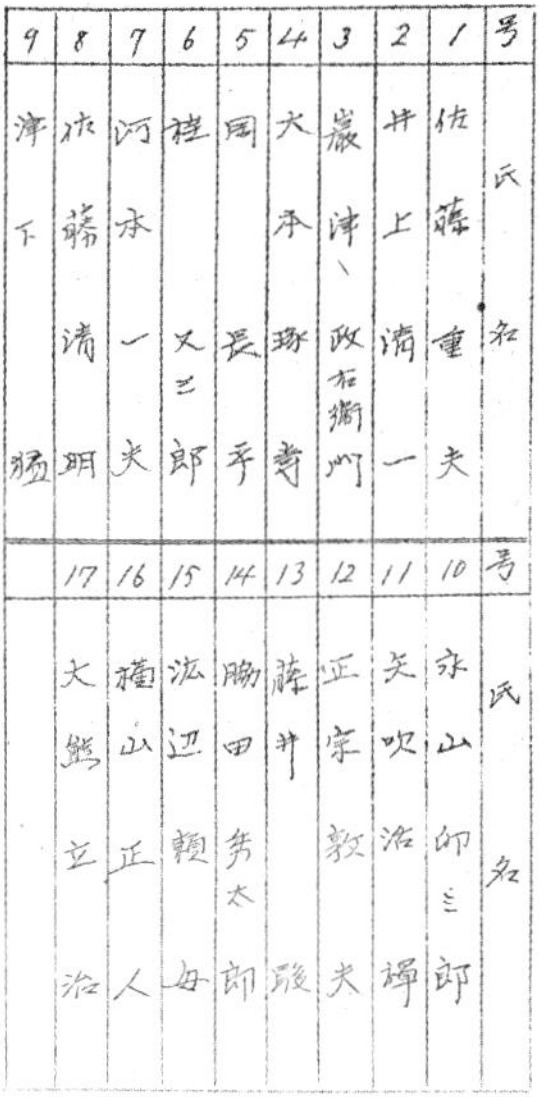

号	氏名
1	佐藤重夫
2	井上清一
3	巌津、政右衛門
4	大本琢壽
5	岡長平
6	桂又三郎
7	河本一夫
8	佐藤清明
9	津下猛
10	永山卯三郎
11	矢吹治禅
12	正宗敦夫
13	藤井駿
14	脇田秀太郎
15	沼辺頼母
16	横山正人
17	大熊立治

調査委員名簿

当初は備忘録として調査行程の中で見かけた植物、動物等の記録が他県のものと比較するような形で書かれたりしているが、回数を重ねるにつれて建造物や石造物、宝物などの文化財や、その背景となる歴史も描写されていく。清明の専門分野である植物や動物のスケッチは見事なものであるが、仏閣なども写真の普及していない時代に素早く正確に描かれている。路線図や地図なども記載され、当時の交通手段がしのばれる記録である。

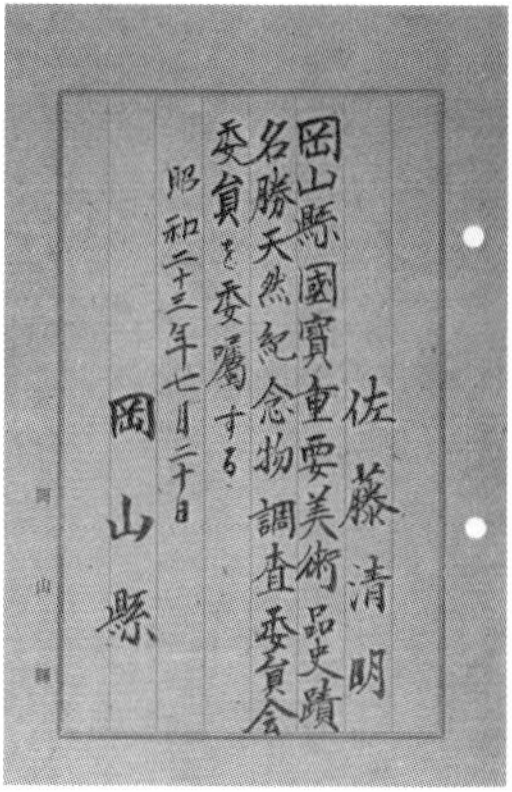
佐藤清明
岡山縣國寶重要美術品史蹟
名勝天然紀念物調査委員会
委員を委囑する
昭和二十三年七月二十日
岡山縣

委員委嘱状

調査委員章

『天然記念物調査録』は全50冊に及び、１９４８年11月から１９５４年6月までの約５年半あまり、およそ１００日に及ぶ調査の概要が綴られている。なお、その後１９５９年までの調査の記録もガリ版冊子として30冊あまり残されている。これらの地道な調査が下地となり、昭和30年代に多くの文化財が指定された。

（稲田多佳子）

三、藍坪《あいつぼ》

清明の研究成果をみると、博物学の実践者と呼ぶにふさわしい。博学多識な清明は、岡山県の委嘱のもと、郷土の天然記念物や文化財の調査を長年にわたって行ってきた。その調査成果が、前述のように『天然記念物調査録』という表題のもと、多数の冊子として遺されている。岡山県下一円をくまなく丹念に、６００か所以上調査したことについて、一般的にはほとんど知られていない。そこでその一端を、１９５５年の川上郡川上町（現、高梁市川上町）におけるフィールドワークの記録から紹介したい。

当時、岡山県文化財専門委員であった清明は、この年9月4日から3日間、川上郡の中央部および南西部の天然記念物5か所ほどを調査し、『川上の文化財（ソノ四）』と題して、調査ノートを記している。紙数の関係で、そのすべてを紹介することは出来ないので、岡山県指定天然記念物第一号の「藍坪」を取り上げる。

高梁市川上町上大竹の相坪集落の奥まった所に、藍坪という特異な形状の滝がある。これは数千万年もの昔にあった滝が、河水の浸食作用によって、川床の千枚岩の角が削り取られて出来たと考えられている。数ある滝つぼを、下流側から順に第一・第二・第三・第四と呼ぶことにすると、第一の滝つぼが最初に出来、時間の経過とともに滝の角が崩れた為に滝が後退して第二の滝つぼを作り、順次、滝が後退して第三・第四の滝つぼを作ったと考えられている。このようにして4つの滝つぼと深い淵が形成された（82頁参照）。現在にのこる太古の滝つぼとして非常に珍しいものだといわれている。

藍坪がある相坪地区の伝説によれば、「この滝つぼを使って猿が藍の染め物をしたので藍坪という名前が付けられた」ということであり、また滝近くの小高い所に「あいがめ様」を祀って、古来、旱《かん》ばつのときにはここで雨乞いをしたということである（『かわかみの自然』川上町昭和45年）。地質学の豊富な知識を持つ清明は、この地形がどのようにして出来たかを推測し、調査によってそれが長い年月の河水の浸食による造形であることを確信したものと思われる。

２０２１年３月末現在、岡山県指定の天然記念物は36件ある。前述の通り、その第1号は、１９５５年７月19日に指定された藍坪を含む４件である。

次に、清明の行動および県指定までのいきさつを時系列で追ってみよう。

１９５４年３月23日、清明は友人宗田克巳とともに藍坪の調査を行い、これが遠い昔の滝の変遷ではあるまいかと推定した。その後清明は、直ちに管轄の川上郡大賀村教育委員会を訪れて事情を話し、現地の保存を要請した。同じころ、山陽新聞社記者に、藍坪の地質学的意義を説明し、記事にすることを進言した。同年６月26日、清明は改めて綿密な調査を行い、太古の滝つぼの痕跡が相坪地区ほど明瞭にのこっているのは全国的にも稀で、この意味において地質学上の好材料であり、天然記念物としての資格を充分持ち合わすと確信し、その貴重さを地元住民にも話して、この造形の保全を強く願った。

同年７月10日、大賀村ほか２町村が合併して出来た川上町と、地元の相坪地区が連署して、岡山県へ天然記念物指定の申請を行った。共同調査者の宗田克巳、および岡山大学の大江二郎教授の両者も指定に賛同した。

藍坪は、1955年6月25日、岡山県文化財専門委員会において満場一致で指定が承認された。清明たちが太古の滝つぼの痕跡をとどめた特異な形状の滝であると当初推定した藍坪は、同年7月19日、岡山県天然記念物第1号に、他の3件とともに指定された。

次の枠内は、『川上の文化財（ソノ四）』に清明が記した藍坪の簡潔な説明である。

天然記念物　藍坪
所在地　川上郡川上町大字上大竹字相坪　大竹川上流右岸
所有者　伊達仁一・大山幸正
形状　河水の浸食による4つの連続する滝と深淵
最大の滝つぼ　長径：8・7メートル　短径：5メートル　深さ3メートル
海抜：320メートル　地盤：千枚岩
地質学的意義　古代の滝の遺跡と推定

なお、最近のデータによると、浸食による滝の後退距離39・8メートル、滝4つの落差合計9・8メートル（『ふるさと教育読本　川上町の文化財』）となっている。

（佐藤健治）

藍坪の部分写真（筆者撮影）
（上側が第三の滝・下側が第二の滝）

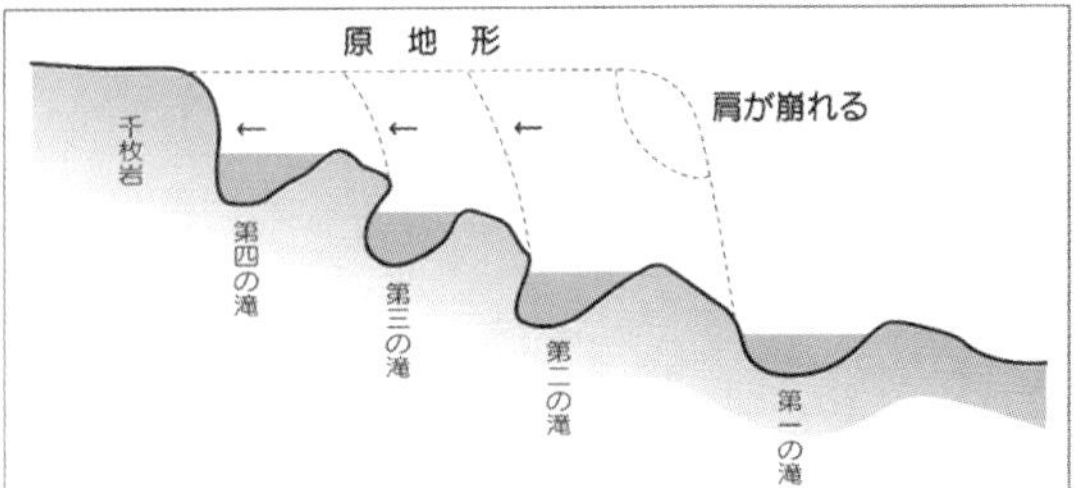

滝つぼのでき方
出典：『ふるさと教育読本　川上町の文化財』
（川上町教育委員会平成12年）

四、調査活動とその成果

このように、清明は報告冊子において、天然記念物候補として調査対象である植物・鉱物・地質・地形等について的確に把握して記すことに軸足を置きながら、広く自然全般、対象物のある地の成り立ちや民衆の生活との関わり、歴史的背景や位置づけ、あるいは神話や伝承、古事記や万葉集といった古典の世界など、多様な視点から対象物を浮かび上がらせている。また、県の天然記念物指定を願う所有者の熱き思い、案内を買って出た青年教師の語る夢、あるいは台風の中での調査活動の様子、また対象物の価値を見いだし、それを分かりやすく伝える清明らの労をねぎらう村長や教育長をはじめとする関係者らの心遣いといったことまで記録され、関わった人びとの息づかいまで伝わってくる。

清心女子高等学校の同僚の教師であった渡邉義行は、「何度か調査活動のお供をさせていただきましたが、現地の方の心を掴み、豊かな洞察力を発揮して的確な調査をされ、調査の翌日にはガリ版刷りの調査報告を完成させておられました。」と、清明の行動力には驚くべきものがあったと語る。

これに見るように、清明は、観察や調査から得られた情報を積み上げて考察するフィールドワークを手法として研究を進めるとともに、県下の天然記念物候補の推薦・指定審査に関わり、適切な保存保護策活動を牽引した。清明が関わった指定物件は国指定天然記念物の鯉ヶ窪湿性植物群落（新見市哲西町）をはじめ、動物ではカワシンジュガイ（真庭市蒜山）・ヒメボタル（新見市哲多町）など、植物関係では黄金杉（真庭市蒜山）、阿智の藤（倉敷市本町）、住吉島の樹林（備前市鶴海）など、地質関係では藍坪の滝をはじめとする、八丁畷準平原面（吉備中央町吉川）など30件で、旧制度指定を加えると100件を超える。

（佐藤泰徳）

清明が指定や調査に関わった主な文化財

＜国指定天然記念物＞

1. トラフダケ自生地
2. オオサンショウウオ生息地
3. 菩提寺のイチョウ
4. カブトガニ繁殖地
5. 湯原カジカガエル生息地
6. 臥牛山のサル生息地
7. アユモドキ
8. 草間の間欧冷泉
9. 羅生門
10. 象岩
11. 大賀の押被
12. 白石島の鎧岩

＜県指定天然記念物＞

① 飯山のえのき
② 栗原の四本柳
③ 阿知の藤
④ 宗堂の桜
⑤ 穴門山の社叢
⑥ 枝垂栗自生地
⑦ 黄金杉
⑧ 黒岩の山桜
⑨ 真鍋大島のイヌグス
⑩ 金螢発生地
⑪ ぎふちょう発生地
⑫ かわしんじゅ貝発生地
⑬ 郷の源氏螢発生地
⑭ やませみ生息地
⑮ 住吉島の樹林
⑯ 箸立天神伊吹ひば
⑰ 角力取山の大松
⑱ 醍醐桜
⑲ 滝川ホタル生息地
⑳ 藍坪
㉑ 成羽の化石層
㉒ 枝の不整合
㉓ 大野の整合
㉔ 八丁畷の準平原面
㉕ 浪形岩
㉖ 上房台
㉗ 阿哲台
㉘ 塩滝の礫岩

（A）生物関係天然記念物

備考：番号が所在地のおよその位置を示している。ただし、(7)アユモドキは地域を定めない、種指定なので、番号の位置に限定されない。

（B）地学関係天然記念物

備考：番号が所在地のおよその位置を示している。

渡邊義行著『岡山県の天然記念物1』より

五、清明が愛した「菊桜」

春といえば桜、桜といえば「染井吉野《そめいよしの》」であろう。これほど日本人に親しまれている樹木はない。全国各地で見られるようになったのは明治時代になってからである。先に淡紅色の花が咲き、後から若葉が広がるので、花の少ない時期には華やかで人びとの目を引く。

一方、菊桜《きくざくら》を知る人は数少ない。菊桜は八重桜の一種であるが植栽されている場所も数も限定的で圧倒的に少ない。「染井吉野」が葉桜になった頃に濃紅色の円盤状の小さい蕾をつけるが、同時に赤味を帯びた若葉に隠れて、満開になるまで地味で目立たない。

菊桜には、咲きの桜を総称して呼ぶ菊桜と栽培品種名として記載されている「菊桜」がある。現状は、前者も菊桜、後者も菊桜と漢字で表記され、混同した状態で違いが分からない。本書では総称としての菊桜を漢字のみで表記し、栽培品種名の菊桜をかぎ括弧で括《くく》って「菊桜」と表記した。

栽培品種の桜は花弁数で細かい区分（枚数は人によって多少異なる）があり、５枚のものを

「一重咲き」、6～10枚を「半八重咲き」、10～100枚を「八重咲き」、100枚以上を「菊咲き」と呼ぶ。菊咲きには花の中から花が現れる「段咲き」という咲き方もある。6枚以上のものを総称して八重桜とも呼ぶ。（勝木俊雄『桜』岩波新書平成27年）

「菊桜」の特徴は後述の「岡山の菊桜」に記された5つの美点の他に段咲きや10枚の萼裂片《がくれつへん》がある。花色は開花期では深紅色だが、満開期になると紅紫色から淡紅色、散る前には白に近い色となるなど、色の変化も楽しめる。

「菊桜」の数々の美点について清明は『岡山春秋』14号（岡山春秋社昭和27年）に発表した「岡山の菊桜」の中で、次のように述べている。

（前略）第一に（中略）桜といえば、一時にパッと咲いて一時にパッと潔く散ってしまうものであるが、菊桜は実に一ヶ月近くも花を維持し、四月上旬から濃い紅の蕾をほころばせ初めて五月十日過ぎてまだ芳郁と香雲をただよわせており、その悠々たる花影はあわただしく散り行く桜と比べて格段の相違がある。

第二に花弁の数が（中略）最も多いのは一花の花弁が実に三百枚を超えるものがある。（中略）

花の直径は三センチほどで余り大きい方ではないのに、かように充実しているので花形は球形を呈し（中略）球花を意味しておる。

第三にこの桜は散り際が大変美事で、（中略）他の桜のように一片ずつヒラヒラと散る所謂《いわゆる》落花狼藉は全く見られない。（中略）可憐な薬玉《くすだま》のような球形の花が地に満ち一陣の風にのって静かに遊ぶが如く廻る風情はまた雅趣あるものである。

第四に（中略）花弁の多いものは花中には雄蕊《おしべ》は一物も残っていないが菊桜は中央部に尚少なからぬ雄蕊を残し（中略）余裕を見せておることはただ驚くの他は無い。

第五に菊桜はどこまでも灌木状で、巨大に肥大するのをみずから戒めておる。樹齢数百年を経ても別に尊大におごらないで、地味に四方に小枝を出し、乾地でも陽地でも陰地でも、どこでも一応は生育し開花するようである。桜は古来日本の名木として数々の品種が育成されたけれど菊桜に至って極地に達したとも考えられる。（後略）

と、まるで「菊桜」に恋する文学青年のように語っている。博物学者の清明が野生種などの対象物を自然科学的、客観的に観察し、正確に記録するのは当然だが、栽培品種である「菊桜」に対しては深い愛情を寄せながら、なぜか、特別な感情を込めて詩的に記述している。おそらく、清明の生い立ちや若い頃の病気療養を含め、さまざまな経験が人生観や教育観へつながり、「菊桜」の魅力（美点）と彼の美学が重なるからであろう。

さらに、清明と昭和天皇は「菊桜」を介して不思議な縁で結ばれていくのである。六高の大渡忠太郎教授が岡山の植木市で珍しい桜を手に入れ、六高の校庭で植栽していた。それが１９０７年、桜の研究者である東京帝国大学の三好学博士に送られ、「菊桜」と同定された。菊桜は江戸中期から記録はあるが、栽培品種として１９１６年に日本で最初の「菊桜」として新種記載された。ちなみに「兼六園菊桜」は１９２８年、他の菊桜はその後、記載された。後に三好博士は宮中に「菊桜」を献上している。

清明は１９２３年から六高の生物学教室に在職していたので、大渡教授や校庭にあった「菊桜」の由緒伝承はよく知っていた。１９３０年、昭和天皇の天覧に供する目的で実施された岡山県生物採集動員（第三章、第五章参照）の植物採集において清明は県下の児童生徒指導の顧問に加わっていた。１９３１年には順宮《よりのみや》厚子内親王が誕生され、昭和天皇は「菊桜」を順宮のお印《しるし》（御紋章）に選定した。

「菊桜」の原木は長く六高で育成されていたが１９４５年６月の岡山空襲により残念ながら焼失した。清明はその前年、戦争が激しくなり、空襲を覚悟して「菊桜」の疎開を思い立ち一枝を郷里の浅口郡里庄町の生家に接木していた。六高ゆかりの「菊桜」はその生命《いのち》をつないだのである。

１９５２年、昭和天皇は順宮厚子内親王（池田厚子）のご成長と貞明《ていめい》皇后を偲ばれて次の歌を詠まれた。

冬すぎて菊桜さく春になれど
母の姿をえ見ぬ悲しさ

１９５３年、岡山の池田家に嫁した厚子さんの新居の前庭に清明は育成した「菊桜」の苗木を持参して移植した。同

清明の生家で接木され高さ 4m ほどに成長した「菊桜」と落花して樹下一面に広がり白くなった庭。「名木菊桜」の立て札が見える。（1952年撮影）

年の秋、昭和天皇が岡山に行幸《ぎょうこう》された際、記念植樹が岡山後楽園で行われ、清明が苦心育成した「菊桜」の苗木をお手植えされ、これに立ち会った。

清明にとって昭和という激動の時代を歩む中で「菊桜」は花の魅力とともに、生涯心に残る桜となった。

岡山県内で見られる（2021年現在）「菊桜」は、六高記念館、岡山大学、岡山朝日高等学校、岡山後楽園、岡山後楽園の西側の旭川土手、たけべの森公園（以上岡山市）、佐藤清明生家、里庄町歴史民俗資料館、高岡神社（以上里庄町）、倉敷市の原田家にある。さらに、高梁《たかはし》市の高梁城南高等学校、高梁市中央公園、勝田郡奈義町の浅野家でも菊桜を確認しているが詳しい来歴はわからない。

全国的にも植栽されている「菊桜」は少なく、大変に貴重で、珍しい桜である。（徳山容）

トピック④【浅口郡植物誌にみる今と昔】

『浅口郡植物誌』は1932年に50部限定で清明が出版したものである。浅口郡内（当時）に見られる植物の目録のほか、様々な考察が書かれている。目録には1097種もの植物が紹介されている。

当時と現在では生育している植物にどの程度違いがあるだろうか、筆者の家の周りで見つけた（2021年ころ）植物397種と比較した。驚いたことに現在見られる植物のうち、半分以上の262種が目録から見つけることが出来なかった。その多くは外来植物であった。キシヨウブ、セイタカアワダチソウ、ニセアカシアなど、現在では普通に見かける植物たちが、この間に浅口郡内に入ってきたのである。

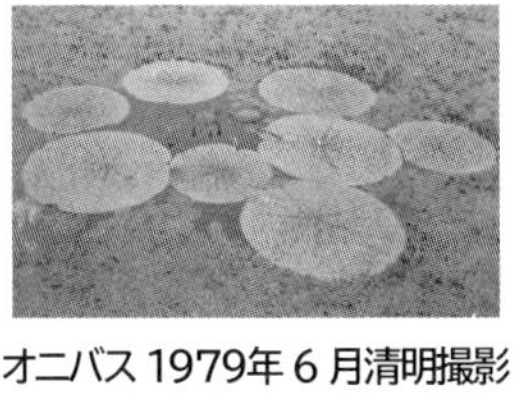
オニバス 1979年6月清明撮影

逆に、当時見られて現在は見られない植物はあるだろうか、清明宅脇にある湯の池に自生していた「オニバス」が2005年ころから見られなくなっている。さらに詳しく調査すれば、浅口郡内における植物種の消長が明らかになるであろう。清明が残した資料を用いて新たな知見を得たいと考えている。

（伊藤智行）

トピック⑤【清明と横溝の植物観察】

岡山では稀少種になっているヘラシダを調べてみると、山地の陰湿な場所に群生するという。里庄町内の自生地では、谷間の壁面に深緑色のヘラシダがたくさん自生している。風通しは悪いが周りの樹木の間から木漏れ日が葉に当たっている。ヘラシダの根元をよく観察すると、細長い根茎が横に張っており、葉は単葉で、葉柄は細い針金状で葉身よりも短い。ところどころに黒い線形の鱗片がある。葉は光沢があり長く先の方が尖り、基部は広い形になっている。胞子嚢群は線状に、平行に並んでいる。ヘラシダについては、清明が植物研究の仲間である横溝熊市と共に里庄の珍しい植物や隠花植物について詳細に記載した『里庄町誌』には記載していないが、横溝の標本の中にヘラシダが1枚残されており、清明も興味を持っていたに違いない。

ヘラシダの群生（筆者撮影）

（西崎康男）

トピック⑥【オオムギスゲ】

オオムギスゲが国内で発見されたのは1930年のことで約一世紀前に遡る。清明は『岡山県大百科事典』（山陽新聞社昭和55年）でキビヒエスゲの項で解説している。キビヒエスゲは、カヤツリグサ科の多年草。山すそに生える雑草であるが、スゲ類では珍種に属する。別名チュウゴククスゲ、ケカタスゲなどと、当時の植物学者が呼んでいたが、これらの種名は、シノニム（同物異名）となっている。現在は、オオムギスゲが標準和名である。オオムギスゲという和名は植物体を的確に表現している。オオムギスゲは春に花穂を生じる。果実はムギ、ヒエに似た形となり、岡山県下のスゲ類では最大の穂となる。フランスの神父フォーリーが朝鮮半島南部で発見し、初めて記録した。１９３０年浅口郡六条院村（現、浅口市鴨方町）で発見。その後、浅口市を中心にして限られた地域、広島県や四国の島嶼部にかけてわずかに自生箇所が分かった。里庄町に自生するオオムギスゲを語るとき、忘れてならないスゲ属植物専門の図鑑（『日本スゲ属植物図譜』吉川純幹著北陸の植物の会昭和35年）がある。オオムギスゲの線画のもととなった標本の産地が浅口郡里庄村（現、里庄町）と記載されている。図譜を通じて里庄町を広く世に知らしめたのである。図譜の標本の作製者が誰であったのか、採集地がどこだったのか、採集年月日がいつだったのか、興味は尽きない。

（安原清隆）

オオムギスゲ（徳山容撮影）

第五章　教育者としての清明・幅広い交流

教員時代の清明

一、教育者としての清明

清心女子高等学校庄村校舎

清明は、1923年、金光中学校を卒業後、六高に就職し、助手をしながら、1924年文部省の文検（中等教員免許検定試験）に合格し、教員免許を取得した。1925年に福岡県小倉中学校（現、福岡県立小倉高等学校）の理科教師となるが、一年後結核を患い帰郷し療養する。1928年岡山県生石高等女学校教諭、岡山県生石教員養成所教諭となる。その後六高に戻って助手をしていた1931年9月、岡山市に清心高等女学校が新設され、生物教諭として採用された。その後、清心女子大学（現、ノートルダム清心女子大学）の生物科の講師として勤務し、1971年3月に退職した。

大学では「有用植物分類学」などの専門教科を地誌学から考察する独特の視点で教授した。

卒業生である清心なでしこ同窓会元会長の庄司志津子は清明の授業について、「私達は長年先生の授業を受けましたが、誠におおらかで点数などに頓着無く校庭の草や花の名を覚えさせられたり世話をさせられたりしました。校外へもよく連れて出て下さりイナゴやバッタを捕ったりしました。珍しい草を持ってきた者には「秀」をやると言われて友達は山を駆けずり廻って持って行っても、どんな小さな草でも全部名前をご存じでした。教室では蛙のカイボウをさせられて大騒ぎしたこともありました。後年になって、蛙をカイボウする時は救急車を呼んでおかんといけんと言われたそうです。先生のお授業の話しもいつも目を白黒させながら聞いたものです。」と語っている。また、生徒の健康増進と自然を直に観察する実地教育を兼ねて、1942年から30年間、高校1年生の生徒を大山登山に引率した。

渡邊義行は清明のフィールドワークの思い出を次のように語っている。「佐藤先生の周囲の人々に対する気配りについて、コミュニケーションの巧みさを持っておられ、調査に行った先で地域の人と非常に良く会話をなさっていました。先生は、「あなたが二言声をかけたなら、もうちょっとがんばって三声かけなさい。三声かけたなら、四声かけなさい。」と言われました。そうやってコミュニケーションをされるんです。それが先生流の気配りでした。」

『清心中学校高等学校紀要』（昭和52年）には、生徒向けであろう「世界の国花」、また「岡山県野生植物目録」（昭和54年）という題で投稿している。

その後、県立保育専門学校、県立岡山工業高等学校、関西学園、岡山労災看護学院など兼務した。１９５１年～１９６８年岡山女子短期大学講師。１９５８年～１９８７年岡山大学農学部講師。１９７０年～１９７４年岡山大学医学部講師。１９７５年～１９８３年岡山大学薬学部講師として勤務した。薬学部に勤務の秋には、岡山県と岡山県薬剤師会との共催で行なわれた「薬と健康の週間」の行事として、一般市民を対象にした薬草教室が開催され、半田山周辺において、薬草の説明を行った。

二、地方の植物研究者たちとの交流

１９８０年11月、天然記念物を中心とする文化財や自然保護の活動、植物、博物学の研究の功績に対して勲五等双光旭日章を受章したが、その功績調書に「本県植物学の発展に貢献した高梁市の吉野善介《ぜんすけ》氏、岡山県立高松農学校教諭の二階重楼《にかいしげたか》氏、新見市の赤木敏太郎氏等、郷土の先駆者の指導をうけ、植物学の基礎づくりが確立された。」と3名の名前が記載されている。また、清明は１９２３年六高に就職し生物学教室の助手となったが、生物学教室の前教授は大渡忠太郎であり、「菊桜」を入手し校内で育成していた人物で、清明が植物学を極めていくごく初期の関係者である。この六高に勤務したことから多くの植物研究者との繋がりができていく。清明の植物学は、県下各地の植生調査、蘚苔《せんたい》類・地衣《ちい》類や天然記念物など多方面にわたる調査を行い、また、植物にかかわる方言などについても幅広く研究を行っていることは既に述べてきた。

清明の発表した論文を見ると、１９２９年に「植物の方言と諺語」が『岡山文化資料』に発表されており、以降も植物の方言についての多くの論文が出されている。１９３０

年の『山陽新報』には「6月頃に咲く山野の植物（一）県下の生物採集動員に因みて」というテーマで岡山県生物採集動員のための記事を書いている。

この頃から小坂弘が主宰した吉備博物同好会発行の『まんさく』など多くの雑誌に論文を発表しており、県下各地へ植物採集、観察会などによく出かけたのであろう。ここでは清明と交流があった主な植物研究者をとりあげ、その人物紹介と接点をみる。

吉野善介は1877年に高梁町（現、高梁市）で生まれる。家業の薬店を手伝いながら、薬の注文取りや配達の時に途中路傍の草花に興味を持ったことから植物の研究に入った。牧野富太郎に書面で質問を行い、また、高梁中学校に着任した西原《さいはら》一之助の指導を受け研究した。1948年には植物学への功績で第一回岡山県文化賞を受賞した。吉野は『備中植物誌』を1929年に、「補遺一」を1930年、「補遺二」を1931年に刊行したが、清明は補遺編発刊に協力した。1930年11月に本県南部一帯で行われた陸軍特別大演習を機会に岡山県では他県に先駆けて、昭和天皇に県内の生物を採集してご覧に入れようと県下の生徒児童を総動員して植物は6月、昆虫は7月に採集が一斉に行われた。この岡山県生物採集動員において、吉野は京都大学の田代善太郎と共に植物採集の顧問

吉野善介

であり、清明はこれに協力した。このときに県内の多くの植物研究者が参加しており、交流が深まったものと思われる。吉野は吉野植物研究所を1953年に主宰し、『備中の植物』1～10号を発行した。1964年没。

二階重楼は1859年山口県で生まれる。1902年に岡山県高松農学校（現、岡山県立高松農業高等学校）教諭として着任。1904年に徳島農学校に転任した。本県での勤務は短い期間であったが、キビノミノボロスゲ、ビッチュウヤマナシ、ミコシギク等を採集している。清明は吉野と二階について「我が岡山県の植物学史を編する場合があったら、何人と雖《いえど》も吉野善介氏、二階重楼氏の二氏は措《か》いても第一番に特筆大書せねばならぬ」と『まんさく』7号（吉備博物同好会昭和8年）に書いている。1932年没。

赤木敏太郎は1879年阿哲郡草間村（現、新見市）で生まれる。教師となり、豊永小学校長を勤めた。1941年に草間村長に就任した。チョウジガマズミ、ホソバナコバイモを1904年に新見で発見した。また、ヤマトレンギョウを初めて採集したが、これは牧野富太郎が野生の一新種として命名した。1944年没。

小坂弘は1904年阿哲郡野馳《のち》村（現、新見市哲西町）で生まれる。阿哲郡、新見市の小学校に勤務した。鯉が窪の湿性植物群落、オグラセンノウ、ビッチュウフウロ、ミコシギク、シラヒゲソウ等の調査を行った。吉備博物同好会、岡山植物同好会、吉備の植物同好会を主宰し活躍した。清明は吉備博物同好会が発行した『まんさく』に1929年から「岡山県の天然記念物」「南備地衣類目録」「備中の海浜植物」など、また「近事片信」として植物研究者たちについてたびたび投稿しており、小坂弘との親密な交友関係がうかがえる。一方、吉備の植物同好会が発行した『吉備の植物』No.3、1～5ページには、清明が「吉野善介氏の業績」を紹介している。1999年没。

横溝熊市《よこみぞくまいち》は1897年に里見村（現、里庄町）で生まれる。薬種商を営む傍ら植物や岩石の研究を行っており、植物標本の収集は顕著であることを小坂弘が『まんさく』No.8（1933）の中で賞賛している。『岡山県の薬用植物』など執筆した。また、1954年

横溝熊市

4月鴨方町の山地でエヒメアヤメを本県で初めて発見し、吉野善介と清明に連絡した。１９７７年没。
難波早苗《さなえ》は１９１３年上房郡豊野村（現、吉備中央町）で生まれる。岡山県職員となり、農事試験場、農業改良普及所に勤務し、１９６９年に退職した。農業についての研究と共に県下の植物研究を行なった。吉野善介の指導を受け、県内をくまなく歩いて調査を行い多くの論文を出している。また、高梁市の臥牛山の植物についてよく調査しており、清明と「臥牛山植物目録」を共著している。高梁市でタカハシテンナンショウを発見した。１９９８年没。
西原礼之助は１９１５年に岡山市で生まれる。中学時代より植物の研究を行い、戦後も酒造会社経営の傍ら植物研究に取り組んで若手研究者の世話をよく行った。夫人は牧野富太郎の孫娘である。１９６７年には県北の湯原湖畔で昭和天皇皇后両陛下に植物についてのご進講を行った。西原を中心に植物研究者によって、清明の叙勲の祝賀会を

1981年5月に開催したが、清明から挨拶の中で植物研究者が大同団結して岡山県植物誌を編さんしてはどうかとの提案があった。これにより、1981年9月県下の植物研究者46名が一堂に会し、岡山県植物研究会の設立総会が岡山市立オリエント美術館講堂において開催され、清明が初代会長に推挙され就任した。二代会長は西原が務めた。会誌の『岡山県植物研究会誌』は第13号まで発刊された。この研究会において岡山大学や岡山理科大学の研究者や在野の植物研究者との交流が深まった。1994年没。

三宅一喜は1920年に浅口郡玉島町（現、倉敷市）で生まれる。高校教諭として勤務、県

「佐藤清明先生叙勲祝賀会」
1981年５月31日　前列左から４人目が佐藤清明
岡山会館ホテルニュー岡山（個人所蔵）

下の植物文化財や備西、井原・後月方面の植物を研究した。岡山博物同好会に所属した。会長は清明であり、後に三宅は副会長兼生物・園芸部会長となる。この会が発展し結成された岡山県自然愛護協会では清明が会長となり、三宅は副会長、後に会長となる。２０１９年没。

井木長治は１９２９年に倉敷町（現、倉敷市）で生まれる。コケの研究を専門とした。１９５１年に新見市の羅生門の石灰岩壁で北方系の遺存種とも考えられるイギイチョウゴケを発見した。清明は「岡山県野生植物目録　羊歯・蘚・苔・地衣」（『岡山県植物研究会誌』第2号昭和57年）のまえがきで井木を「県下の蘚苔フロラは新鋭の井木長治氏の出現によって隈なく解明せられ」と高く評価している。井木は「岡山コケの会」を設立し、この会は全国組織に発展している。１９９５年没。

この他に清明と交流があった研究者では、宗田克巳は１９２９年、第六高等学校の助手となる。文部省検定鉱物科に合格し、茨城県で教鞭をとり、戦後は本県の県立高校教諭、岡山大学講師を勤めた。専門は地質学であるが博学の人であり化石植物なども研究した。倉敷市の重井薬用植物園長であった古屋野寛は会社勤務の傍ら県内をくまなく歩き植物の調査を行なった。園長として県内の稀少植物や絶滅危惧種の増殖に努めた。また、蒜天《ひるてん》と号し蒜山の植物の研究と保護に努めた徳山銕也《てつや》。鯉が窪湿原などの研究を行った山口國太郎とその子息で薬草の研究や理科教員の向上に努めた加藤豊。県内をくまなく歩き調査し『私の採集した岡山県自然植物目録付帰化植物・栽培植物』を著した大久保一治。県北、美作地方の植物を研究した高山敬三や植物のみならず東備地域の文化財研究の花田親兵衛。また安原清隆は1945年に里庄村（現、里庄町）で生まれる。岡山大学工学部に勤務の傍ら、特にスゲ属を研究の専門分野とし、清明とは里庄町内の湿原フロラの研究を行った。清明はこのように多くの県内の在野の植物研究者や県外の研究者と採集会などを通じ交流を持ち、多くの雑誌に植物や方言のみならず博学な論文を発表している。

（土岐隆信）

トピック⑦【なんでも再利用知恵袋】

清明が遺した資料の中で、ひときわ目を引くものがある。それはA5版バインダー3冊、合計883頁からなる生物学のメモである。冒頭に全体の構成を示し、項目別に台紙1枚に説明と軽妙なスケッチが描いてある。正に知恵袋だ。

台紙は、映画のポスターやカレンダー、卒業修了証書や賞状、新聞広告や原稿用紙など使用済みの紙を再利用し用いた。バインダーを開くと、紙の未使用面に書いたメモが左に見え、右にはたまに綺麗な面が現れる。これが気分転換になり、探す場所の目印にもなる。メモに日付がなく、いつ作られたのか不明である。ところがそれを知る鍵が台紙に隠れていた。使用時期が明確な紙を順に並べ、一番新しい紙を特定すれば、その翌年あたりから台紙作りが始まったとみなせる。映画が6作品（メリーポピンズなど）あり1959～1965年公開、カレンダーも同一期間に7年分があった。他は時期不明か古すぎた。以上から、1960～1966年ごろに台紙ができてメモに使われたと考えられる。

メモには教材の参考頁を示すような番号が記入され、また当時の最新の研究成果を補足する注釈が付記されている。現在でもその注釈を検索すると、詳しい説明にたどり着くことができた。清明が当時どのような方法で的確な情報を得たのか。この「知恵袋」がその役割を果たしたのであろう。

（杉井睦保）

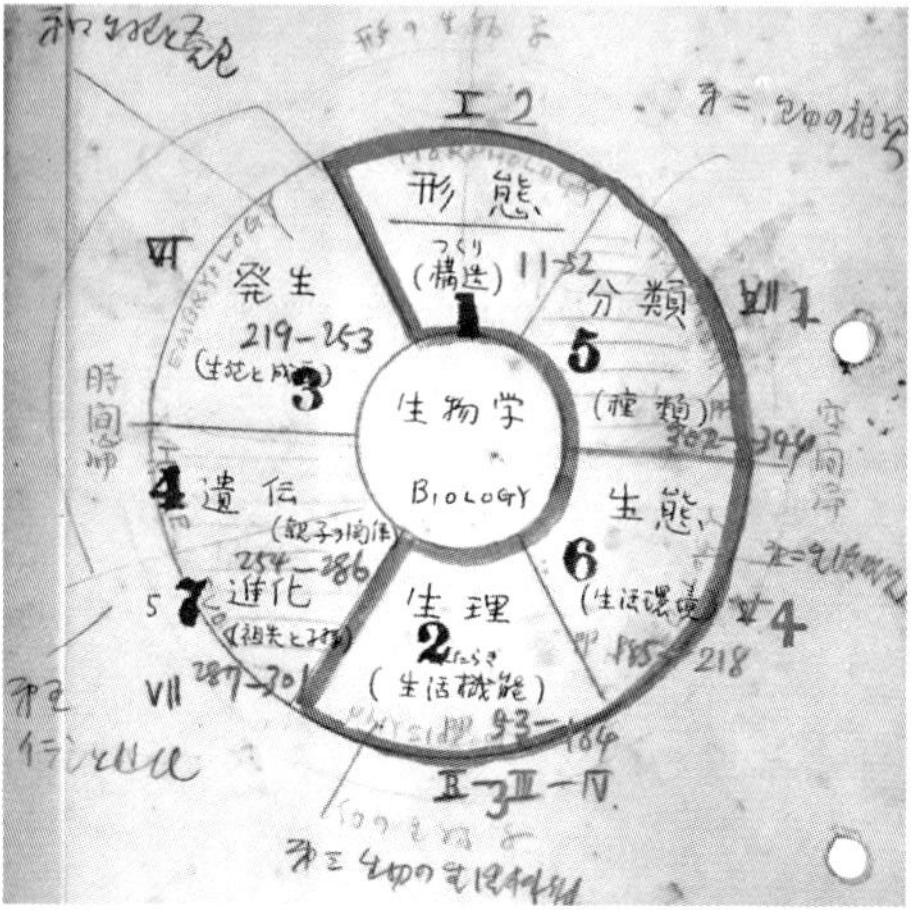

生物学メモの構成図
中央の円内に「BIOLOGY」と併記されているが、清明は授業で同名のアメリカの教科書を参考にしていたと伝えられている。

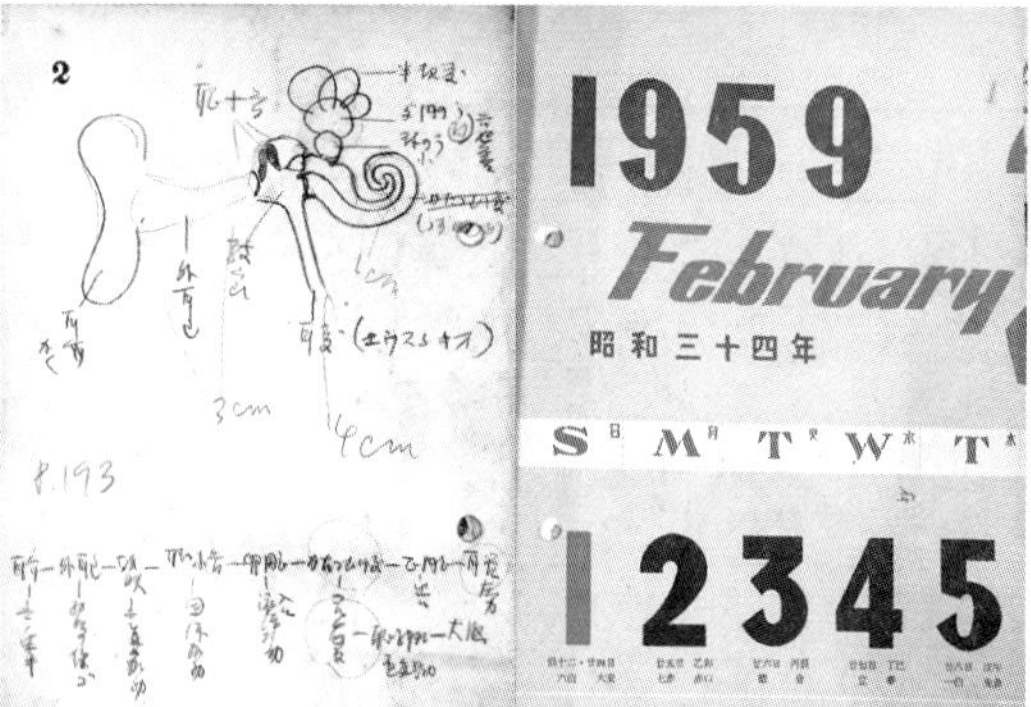

見開きの左にメモ内容（耳の構造）が、右には台紙の裏面（再利用されたカレンダー）が見えている。

第六章　晩年の清明

佐藤清明勲五等双光旭日章受章
記念撮影（1980年）75歳

一、清明と皇室との関わり

1931年以来50年余、清明は清心女子高等学校で教鞭をとった。その間、同校の同窓会顧問を務めた。1973年には『ノートルダム会シスター来日五十年史』に「回顧の学園」と題する一文を寄せ、昭和天皇のエピソードを披露している。以下、大山登山の項から該当部分を引用する。

（前略）大山はまた生物分布上からも日本で有数の名所になっていて、蝶やカブトムシの昆虫採集で、岡山のヤングたちによって沢山の学術的な解明さえ行われた。今の両備バスの社長松田基氏、黒田病院長の黒田祐一氏など、若い中学生の時に夏は大山に日参して網をふるった。小さい虫を採集するときは、絹の細い目の網で草むらを左右にすくい振ることがある。これをスイーピングというが、私は昭和二十一年の夏、この方法で大山寺の境内において一匹のハイの新種を発見した。これはその道の専門学者、小泉憲治博士によって、「サトウキノコバエ」と命名され、南米とセイロン島に僅かに類似種があるのみという珍種であったので、その翌年冬、陛下が岡山へおいでになった時に倉敷のお宿においてお目にかけ、またご下問を賜わったことがある。

大いなるほまれの虫よ、なれの名は
雲井に高くきこえあげけり

これはその時の私の腰折れである。

清明と皇室との縁は、この1件に留まらない。1930年、昭和天皇が岡山県に行幸されたとき、植物や昆虫標本等を天覧に供することになり、清明も深く関わった。清明は1931年、「聖上陛下と生物学」(『教育論叢』)に、「陛下が生物学研究を深められ動物の飼育から稲の栽培までお心を配らせられて、数々の御発見に加え粘菌類の御研究は服部理学博士をお相手に、既に畏れ多いことながらその御蘊蓄《うんちく》は世界第一流に列したもうことと拝察し奉る」と記している。

1952年10月、池田隆政と順宮厚子内親王が東京で挙式後備前岡山にお国入りした。

清明は翌年の１９５３年４月に池田邸に厚子内親王の御印の「菊桜」を植樹した。

１９５３年10月には、岡山後楽園で昭和天皇・皇后が「菊桜」をお手植え植樹された。

１９８０年には、長年の功績に対し、昭和天皇より勲五等双光旭日章で受章の栄を受けた。

清明が接ぎ木をして戦禍から守った六高ゆかりの「菊桜」は１９８５年に皇居へ献上された。

清明が83歳の昭和64年1月7日、昭和天皇が87歳で崩御され、翌日平成元年となった。

数々のご縁を結んだ清明にとって、昭和天皇の崩御は特別な感懐のことと想像するに難くない。

二、湯の池とオニバス

赤煉瓦の門がある清明の自宅の前には大きな池があり、このあたりは江戸時代に池口村と呼ばれていた。この池は約８ヘクタール余の広さがあり、里庄町の中で一番水量が多く「湯の池」という池名である。

流域の農家にとっては田の恵みの水であり、ほとんど枯れることがない貴重な灌漑用水として貯蔵されている。冬になると池の面より湯気が立ち昇る。この池は『里庄町誌』（里庄町誌編纂委員会昭和46年）によると遥照山《ようしょうざん》の地溝帯の海の跡で、ラジウム泉が出る遥照山の水脈と通じている。湯の池と呼ばれるゆえんである。

かつて秋にはオニバスが大きな葉を広げ池一面緑で覆っていた。その大きな葉の間から赤紫色の小さなかわいい花がニョキッと咲く。オニバスの開花時期には、よく新聞記者が、写真を撮りに来て、清明はコメントを求められた。翌日の新聞には清明の解説付きで、写真と共に記事が掲載された。清明によるオニバスの解説が、一種の恒例行事となっていた。現在オニバスは希少植物となり『岡山県版レッドデータブック2020植物編』で絶滅危惧Ⅱ類の指定を受けている。

このように池の景色をはじめとして、自然いっぱいの環境の中で、清明は余生を楽しんだ。池の前に立つと、向こう側の堤上の道は江戸時代の鴨方往来で、旧街道であったことなどを話しては、家族や地域住民を楽しませていた。

1997年頃に「湯の池を他に転用してはどうか。」という意見が出たことがあった。しかし清明はポツンと静かに「私は、鳥や草花の味方です。」と言っていた。

三、地域住民との交流

湯の池の入り口にクロマツの巨木があった。風格のあるどっしりした松で、里庄町の天然記念物的存在になっていた。

湯の池のクロマツ（1977年８月清明撮影）

『里庄町誌』に「名木」として「湯の池のいざり松（原文ママ）は、里見字本村、湯の池の畔にある。目通り３メートル、根廻り3・3メートル、地上1・8メートルから３枝に分岐し、１枝は枯れている。南北14・5メートル、高さ９メートル、樹齢３００年、クロマツとして町内随一のものである。」（岡山博物学会会長佐藤清明回答）と清明の所見が記されている。

その松を目印にするかのように、池に沿って家々が点在している。そのクロマツは１９８８年には元気がなくなりつつあった。集落の住民が「先生、あの松を診て下さい。」

と言ってきた。そのときはまだまだ青く元気そうに見えたが、清明は「これは一週間で枯れます。」と断言した。住民は本当に一週間で枯れるのだろうかと疑っていた。しかし清明の言った一週間後に枯れて、皆唖然《あぜん》とした。と同時に清明の眼力に感嘆した。

1979年、池口地区の佐藤家始祖とされる佐藤三左衛門次若の先祖の由来を知りたいと、集落の人々から所望された。その時は佐藤家系図や旅行先に関連する案内書類を作り、旅行の計画を立て、地域の大勢の人を連れて、泊りがけの旅行をした。

また1988年には、清明は源義経ゆかりの寺、医王寺のある福島市まで佐藤家関係者を引率した。医王寺は奥州藤原氏の一門であり、佐藤一族の菩提寺で、奥州三十三観音特別霊場でもある。清明はその旅行の様子を8ミリカメラにより撮影し、御大師講の際に映写披露し、佐藤家のルーツをたどり集まった人々を楽しませた。このような清明の飾らない、気さくな人柄は地区の人たちの共感を得ていた。

清明は本村自治会の人々が総出しての道づくりや溝掃除などにも積極的に参加し、また、真夏の佐藤株の墓掃除にも、最後まで出ていた。90歳を過ぎると、さすがに近隣の住民からは「先生、無理なさらないように」と、声をかけられていた。

四、日常生活

清明の自宅の大きな机の側には、たくさんの資料が積まれていた。清明の書斎は、これらの資料や今までの文化財保護等の調査関係の資料でうもれていた。窓の外は柿・五葉松・モミジ・ソテツ・オガタマ・「菊桜」などが植えられ、そよそよと吹きこむ風にまもられて、研究に没頭しているようすだった。

清明の自宅の「菊桜」と湯の池（筆者撮影）

清明は教職を退いた後、県知事の依頼を受けて、岡山県庁へたびたび出向いた。吉備高原都市の開発の際には、自然保護の観点から、問い合わせの電話がしばしばかかっていた。

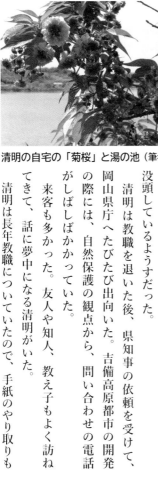

来客も多かった。友人や知人、教え子もよく訪ねてきて、話に夢中になる清明がいた。

清明は長年教職についていたので、手紙のやり取りも多くあった。とりわけ年賀状は大変多く、手書きの賀状を書くのが忙しそうであった。

清明は健康に恵まれ、食欲もあり、治療を受けるようなことは、ほとんどなかった。庭のドクダミが勢いよく生えており、花の咲いている時期に、全草を根ごと取り、日に干した。これを土鍋で煎じてよく飲んでいた。これが清明の健康法のひとつにもなったかもしれない。

しかし、80代後半になると、耳がやや遠くなり、文化財審議委員や岡山県土地利用開発審議委員、自然環境保全審議委員、緑化推進審議委員などの多くの役を後進にゆずり、徐々に仕事を減らして、庭仕事などするようになった。

庭の草採りをしながら、家族にていねいに草花の名前とその特徴などを教えた。たとえば、庭に勢いよく蔓延していたハマスゲについて「海辺の植物」だから、ここらあたりまで海岸線だった。そしてこの植物は地下に塊茎や地下茎があり、抜き切れない。したがって除草剤で地上の葉は枯れても生き残れるなどと話していた。

清明は岡山県文化財保護審議会委員など各種の委員を引き継いだ後輩が自分より先に亡くなったことを知ると、後のことが気掛かりでとても残念がるとともに心配していた。

里見本村地区のほぼ北端の小高い畑の中に、はたん堂という辻堂がある。『里庄町誌』によれば、「昔佐藤次若が奥州から来た時、持ってきた源氏の旗を埋めたところにお堂がつくられた。そのため旗の堂をなまって旗ん堂と言うようになった」と記されている。近くに荒神社や起源伝承にある佐藤家累代の墓地もある。

清明は、最期は内科医師である長男公康の看護を受けながら、自宅で1か月くらい臥せ、老衰のため静かに天国へと旅立った。

告別式の日、清明あての荷物が届いた。はんこを求めた配達員は受取人の告別式と知って面食らっていた。開けてみると、生前に本人が注文していた専門書であった。まさに清明らしいと家族は泣き笑いした。最後の最後まで探究を続けた清明であった。1998年9月17日逝去、93歳の生涯であった。法号は「清風院教樹法楽居士」で樹学博士と墓誌にある。

はたん堂の東の小高い丘にある佐藤家累代の墓地に清明は眠る。

この丘より湯の池を望むことができ、四季折々の自然の眺望が大きく開ける。


（佐藤美清・生宗脩一）

はたん堂と荒神社（筆者撮影）

はたん堂の東の丘から望む湯の池（筆者撮影）

附録『現行全国妖怪辞典』解説と翻刻

一、解説

『現行全国妖怪辞典』（以下、『妖怪辞典』）は、清明が昭和10年（1935）に著した日本で最初の妖怪事典である。『岡山文化資料』を主催した桂又三郎が運営する中国民俗学会より刊行された。

日本民俗学の祖である柳田国男は、昭和31年（1956）、妖怪に関する様々な論文を集録した『妖怪談義』を著した。その中の1つ「妖怪名彙《めいい》」は「オバケの名前」を集めた妖怪事典的な1編であるが、その「妖怪名彙」にスネコスリやシダイダカなど清明の『妖怪辞典』からの引用が見られる。「妖怪名彙」以後、長い期間、妖怪事典は作られなかったが、昭和60年代以降妖怪研究が進み、多くの妖怪事典が作られていった。清明の『妖怪辞典』は、まさにそれら妖怪事典の嚆矢《こうし》と言える。

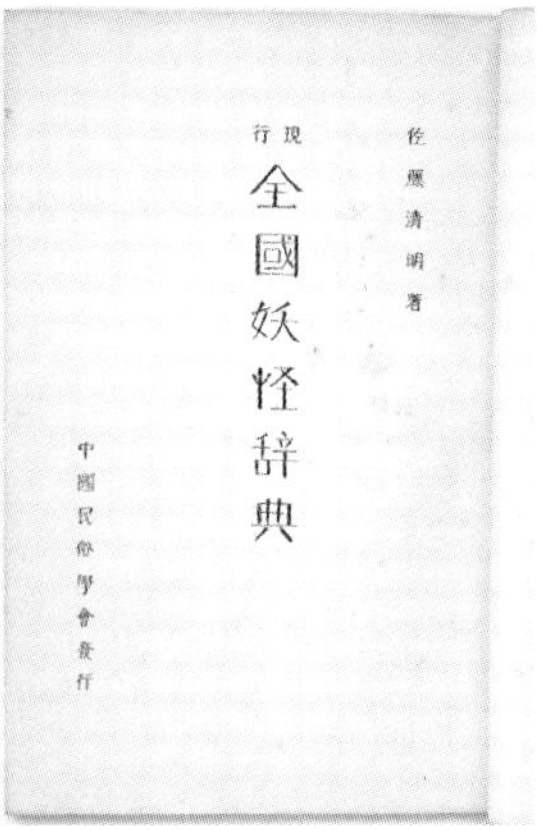

佐藤清明著『現行全国妖怪辞典』
1935年

掲載された妖怪の数は360件、タイトルに「全国」と名前がついているが、掲載の妖怪の出身地は34の県と地域で、その分布には偏りが見られる。最多は地元岡山県で、全体のおよそ2割を占め、岡山県を含めた中四国地方が全体的に多い。また、青森が3番目、沖縄が5番目の件数を占めている。一方で、関東地方や近畿地方は非常に数が少ないというのも特徴的である。

『妖怪辞典』刊行に先立つ5年前の昭和5年（1930）、桂又三郎が主催する『岡山文化資料』第2巻3号の妖怪特集号に、「備中南部に於いて信ぜられる妖怪の一覧表」を発表している。この一覧表がのちに妖怪名を集めた『妖怪辞典』の刊行に繋がったと考えられる。

清明の『妖怪辞典』の最大の謎がカードの行方である。『妖怪辞典』では妖怪の解説の後に番号が振られているが、それはカードの目次で、妖怪名は「全部私の直接カードで集したもののみ」、そのカード番号を引くと「尚詳細の戸籍が判明する」と序文に記している。しかし、その番号は一番からの連番ではなく、重複や欠番が多く見られ、番号も主に一～二六と八五七～一二四六にほぼ集中している。これが何を意味するのか、それは妖怪語彙の収集方法の違いである。実は第二章でも触れた清明編纂の方言集が多く存在するが、そのほとんどに『妖怪辞典』と同じく番号が振られている。そのそれぞれの番号が清明作成のカードの番号ということになる。

『妖怪辞典』の番号を細かく見ていくと、前半（一～一二六、三五、一〇三、五〇〇、八三六）は『妖怪辞典』までに編纂したどの方言集とも地域が重ならない。一方、後半（八五七～一二四六）は多くの方言集と地域が重なる。例えば番号八五七は『妖怪辞典』では次第高《しだいだか》で山口県厚狭郡、「馬鈴薯方言集予報」では山口県厚狭郡小野田町、「片足飛び方言集予報」では山口県厚狭郡、「ハコベ方言集」では山口県厚狭郡、「メダカ方言語彙」では山口県厚狭郡小野田町となっており、山口県厚狭郡で一致している。これはおそらく、前半は妖怪語彙を単独で収集していたが、後半は他の方言、例えば馬鈴薯や片足飛びやメダカの方言と一緒に妖怪の方言も収集したということであろう。そしてそれは後半の番号の語彙の方が圧倒的に多いことから、清明にとって妖怪語彙の収集は、おそらく妖怪単独で収集したのではなく、他の方言との抱き合わせで収集したと考えられる。

それは現在残る「地方妖怪調査票」からも確認できる。佐藤家に残された昭和11年（１９３６）の書簡類の中から発見された調査票は昭和11年の日付で、『妖怪辞典』刊行後であるが、調査票が入っていた封書に他にいくつもの方言調査票が入っており、例えばツバメやアメンボやカタツムリなどの方言などを集めている。封書の差出人は、昭和11年3月26日に大阪毎日新聞に掲載された清明の記事を見て、清明に書簡を送った人物であり、その人に清明が改めて多くの方言調査票を送り、さらにその返書が残されていたということである。地方の研究者が全国の方言を集めるには本人の人脈の他に、こういった手段も有効であった。『妖怪辞典』に限らずこのようにして集めていった清明の方言は、収集地域に偏りが見られても不思議ではないであろう。

そしてその「詳細な戸籍」が記されたカードが未発見である。そのカードにどれだけ妖怪に関する情報が記されているのか、現在ではもう聞き取れない情報が満載であることは容易に想像ができる。おそらく清明のもとに「地方妖怪調査票」が束になって存在し、それが直接カードになったか、そこから書き写されてカードになったと思われる。しかし、「地方妖怪調査票」が発見された昭和11年の書簡類以外に、戦前の書簡類は見つかっていない（令和3年現在）。また、書簡以外の戦前の文書類、特に妖怪だけでなく他の方言収集カードも1枚も発見されていない。弟子や研究者仲間に譲った形跡も見られず、またそうしたならば少しはどこかに残されているはずであるが、それもない。ということはおそらく、清明は戦時中もそれら方言収集カードを手元に置いて活用・研究していたが、昭和20年の岡山空襲で居宅が全焼したときに、それらの方言収集カードも灰燼に帰したと考えて間違いないであろう。（木下浩）

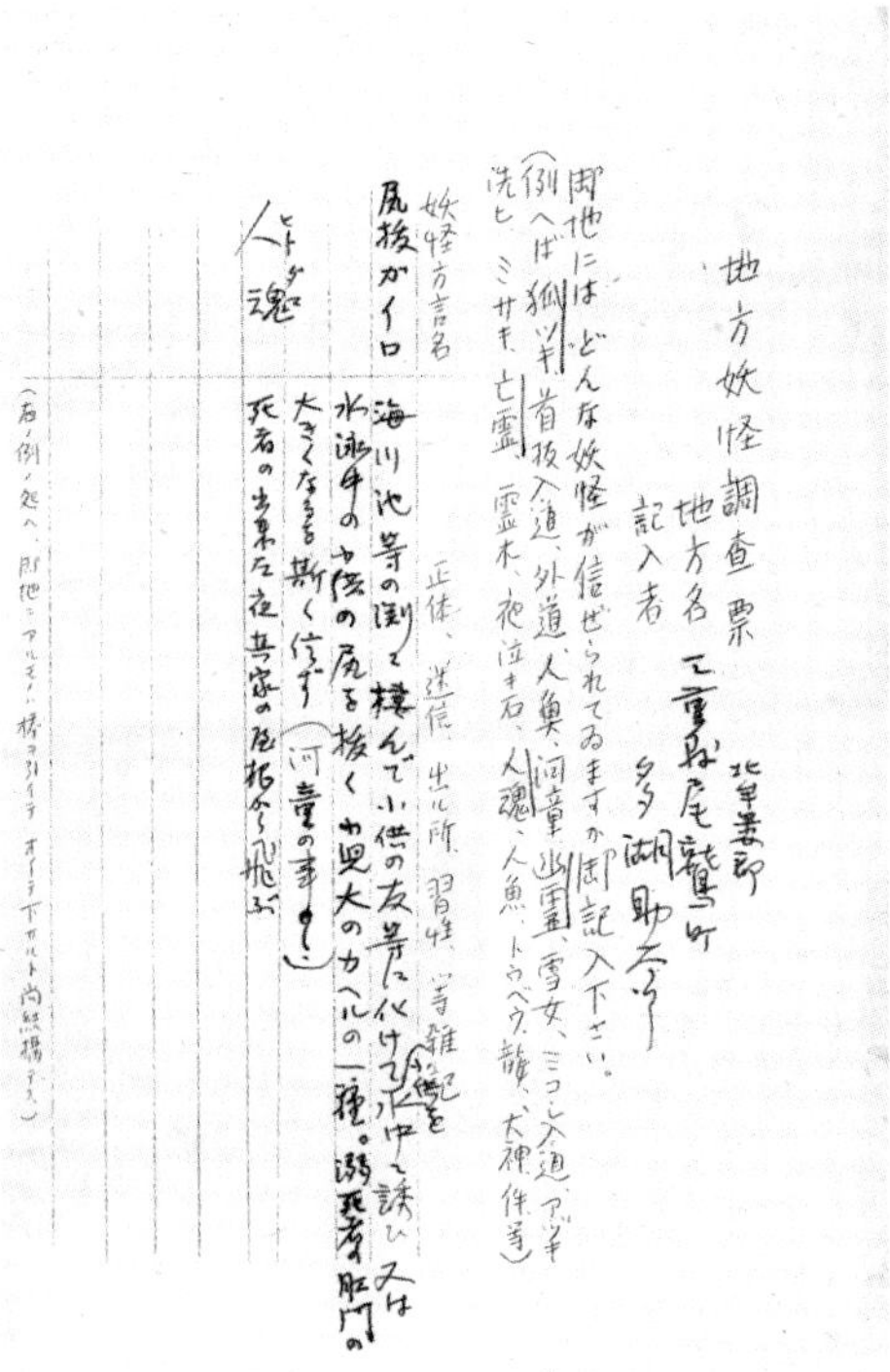
地方妖怪調査票
地方名
記入者
御地にはどんな妖怪が信ぜられてゐますか御記入下さい。
（例へば狐ツキ、首抜入道、外道、人臭、河童、幽霊、雪女、ミコシ入道、アヅキ洗ヒ、ミサキ、亡霊、霊木、夜泣キ石、人魂、人魚、トウベウ、龍、犬神等）
妖怪方言名　正体、迷信、出ル所、習性、等雑記
尻抜ガイロ　海川池等の淵に棲んで小供の友等に化けて小供を水中に誘ひ又は水泳中の小供の尻を抜く　大のカヘルの一種。溺死者肛門の大きくなるを斯く信ず（河童の事なし）
人魂《ヒトダマ》　死者の出来た夜其家の屋根から飛ぶ

地方妖怪調査票（佐藤家蔵）

二、『現行全国妖怪辞典』翻刻

「表紙」佐藤清明著

方言叢書
第七篇　現行全国妖怪辞典
　　　　　　　　　　　　　　　　　　　　　　中国民俗学会発行

△

日野博士の名著　動物妖怪譚が世に出たのが大正十五年の暮で　それを初めて私が読んだのは昭和二年の春であった。

それから丁度五ヶ年　折に触れて集めた妖怪の方言が茲に三百程になった。いつかは博士に贈って　お賞めに與らうとは思って居ても次から次へと仕事に追はれて思ふ事の半分も出来せぬ。

しかし忙しいからと云って　材料を死蔵して日を空しくするのは　千百の富を積んで一文の支出を惜しむ金持よりも学界への罪これに優るとも劣るまいと信ずる愚考によって　不完全な

がら書きつけて見る。

　これに依って同好の諸氏の御利用を願ふ事が一つでもあれば望外の光栄である。終りに臨み妖怪への興味を與へられた日野博士に敬意を表したい。

△

　以下載す処のものは妖怪方言の五十音順目次で　詳細の記述は他日に譲る。全部私の直接カードで　集したもののみである。随って私の片手間にやったもの故遺憾な点が十二分にあるがそれ等は総て御諒解を乞ふ。記述の下の番号はカードの目次で　それを引くと尚詳細の戸籍が判明する。

全国妖怪俗称目録

ア

【青入道】 身体、蒼青色を呈する大入道で、夕方に出現すると伝ふ。岡山県勝田郡（九三〇）

【青坊主】 主として空家などから出現すると云ふ。青い色の大坊主。岡山県邑久郡（一一七四）

【赤足】 山路の辻などに出る。香川県塩飽島本島（一一九五）

【アカダカショー】 旧道路の辻で宵に出たもの「嬰児抱かせう」のこと。山口県厚狭郡角井原の坂（八六八）

【アガテコ】 赤い手を出して出現するもので、赤足に対するもの。青森県八戸地方（一〇）

【アカトリカセウエー】 舟幽霊の一種か（？）宮城県亘理郡（一二二四）

【アガネゴ】 獣類の一種、狐、狼と共に害を加へる。青森市附近（八八三）（一二四三）

【アグトネブリ】 闇夜に歩いて居るとつけて来て踵《かかと》をなめるといふ。岩手県九戸地方（一二四六）

【アヅイアラヒ】 小豆洗のこと。暗渠溝の奥に出る。狐の一種に似た形ともいふ。岡山県久米郡（一二三五）

【小豆洗ヒ】 谷間とか土管の下等で人通りの少き時にシャリ〳〵と小豆を洗ふ音がする。狸の一種ともいふ。徳島県（一四二六）寺の前の川に出た。福島県（一一九八）夜の一時頃に川沿の藪に出る。狐に似た形。岡山県御津郡（一二二九）

【アヅイ、コシンプク】 人魚（アイヌ）

【小豆洗ヒ狐】 小豆洗の正体。夜分に川の瀬で小豆を洗ふ音

を発す。岡山県赤磐郡（一一三三）

【小豆摺リ】 小豆洗ヒの異称。岡山県都窪郡（九五六）（一〇）を参照のこと。

【小豆研ぎ】 小豆洗ヒ（一〇）のこと。広島県世羅郡（一〇一八）山口県美祢郡（八六四）

【小豆ヤラ】 小豆洗ヒの音便。狸の一種と考へる。香川県坂出附近（一〇三八）

【アハ】 川に出る怪物。ゴーゴ等と共に出る。人間の如き形を呈すと、河童の一変種か。岡山県浅口郡（一一七七）

【アヒラーマジムシ】 マジムシとは琉球で化物のこと。沖縄県島尻郡（九八一）

【雨傘】 雨の降る晩、夜道を行くと、谷間を横ぎる処に大きな雨傘があって、これを見ると震へて行けなくなる。愛媛県東宇和郡（一〇九六）

【アマノジャク】 天邪鬼、巨大である。神奈川県津久井郡（七）（一〇四三）

【アマンジャコ】 巨人。人間の行ひに反するもの。岡山県南部（五〇〇）

【アメフリの六尺】 雨降の六尺。雨中に出現する巨人。山口県厚狭郡（八六二）

【アモッコ】 妖怪の総称。青森県八戸地方（一〇）

【アモヨ】 化物。長崎県諫早地方（一〇三九）

【アムログオナグ】 アムロ女。海に入って死んだ人の姿が現れて青い火を持て海岸を歩く。鹿児島県奄美大島（八八一）

イ

【イチマブイ】 危篤の人の霊魂が墓場に行く時を云ふ。其

時顔を被ふて居るのは戻せるが、笑って居るのは仕方がない。沖縄県中頭郡（九八二）

【イヂナ】貉のことか。憑く物とされて居る。青森県三戸郡（一〇四六）

【一本足】雪の日一本の足跡がついて居る。狐の老いたるものともいふ。岡山県北部（一一）

【稲荷狐】岡山県赤磐郡竹枝村の稲荷では夜になると狐が多く出て旭川の瀬を渡り怪異をなす（一二三四）

【稲荷様】岡山県上道郡の稲荷様といふ怪物は山に棲み鳥に似て居て鳴くと村に禍がある（一二七六）

【イニンビー】怨念火。生前惨殺されたもの、其他怨恨を含むものが、復讐のため青白い火を怨敵の家に向けるもの。沖縄県那覇（一二一四）月に二三回も見ることあり。沖縄郡中頭郡（九八二）

【犬神】犬神の分布は中国、四国、九州に及び四国最も著し。犬神の筋の者があって、法者と称す場合あり。人に憑きて病を起させる。高知県（一〇九六）広島県（一〇九九）山口県（一〇三一）其他。犬神は外道に同じ。犬神の家の人に無礼をすると、犬神の家では何とも思はずに居ても憑くことあり。広島県（一一）

【犬神使ヒ】犬神の筋を云ふ。この筋の最も盛なるは徳島県で池田町を中心に三好郡に多し。心理学上「臓躁狂附憑妄想人性変換」と云ふ由。徳島県（一一〇九）

【犬ガメ】犬神の一方言。島根県邑智郡（一〇七七）邇摩郡（一一一三）

【インヌ】インヌフィークーテ

アッチュン（犬が火を喰はへて歩く妖怪）沖縄県中頭郡（九七九）

【インガメ】宮崎県の犬神の方言（二〇）（一〇六九）

ウ

【ウグメ】山口県の「子を抱かしよ」「アカダカショー」に似たもの。妊娠の女が死んで、ウグメになり、出て来て通行人に子を抱かせる。ところが、其の抱いた子は重い石に化す。宮崎県（二〇）（一〇七三）

【ウシオニ】牛鬼。岡山県阿哲郡鳴滝の淵に棲む（八七七）

【ウシマヂムン】牛の妖怪。沖縄県島尻郡（九八一）

【ウスコロビ】深い谷に出て来る。大きな臼が転がるといふ。岡山県真庭郡（一〇五三）

【馬ノ足】馬の足の妖怪。山口県厚狭郡（八六三）

【馬ノ首《クツ》】馬の首が大きな木に下って居る化物。鹿児島県（一〇七九）（一〇八二）

【馬ノ目玉】馬の眼の妖怪。岡山県苫田郡（八九一）

【海婆《ババア》】夕方から夜にかけて海辺に出現して子供を攫ふ。岡山県小田郡（二）

【海坊主】暗夜、又は暴風雨の日に海面上に黒い大きな坊主が上って来る。正体は入道雲。愛知県渥美郡（一一四九）広島県豊田郡（一一一五）池にも出る。大坊主である。静岡県磐田郡（一一一九）

エ

【エスカモン】恐ろしい者の義。妖怪の称。長崎県諫早地方（一〇三九）

【エンコ】猿猴。河童のこと。河で泳ぐと肛門を抜く。広島

県（一〇九四）愛媛県（一〇〇四）河童とは全く違ふとも云ふ。広島県（一一一五）

【エンコー】右のエンコに同じ。山口県（一〇三一）高知県（九七〇）其他

オ

【オーガメ】狼の方言。妖怪にもなる。青森市（一二四三）

【オーゴンジー】広島県豊田郡海岸地方の妖怪（一〇一二）

【オイワ】お岩の亡霊は岡山県御津郡の古井からも出る（一一七三）

【オウカ】狼のこと。夜妖怪になって出ることがある。福井県（一二一二）

【オウクワウ】広島県豊田郡（一〇〇八）

【オゲ】山窩の怪。愛知県東春日井郡（一一六二）

【オコジヨ】前出のオーゴンジーと一系。オコジヨは、長野県等で信ぜられる。（五〇〇）

【大蝙蝠】備後の福山城の主と云はれる。広島県福山市（一〇九八）

【大サイヅチ】岡山県苫田郡（八九一）

【大入道】凄い顔の大男。見上げる程大きくなり、又見下す程小さくなる。大木の下に出る。石川県金沢市（一二一九）暗夜魚を持って歩くと出る。愛知県東加茂郡（一一三五）狸が山路で化けたものだ。愛知県愛知郡（一二一四）別名を一間坊主といふ。広島県豊田郡（一一一五）昔の仕置場の跡へ雨の夜出る。鹿児島県薩摩郡（一九）

【大坊主】鳥取県気高郡徳ノ尾ノ森で今も出る。正体は狸（一〇四四）

【オサキ】狐に似るとも云ふ。岡山市（一一〇三）

【オサンダヌキ】狸ツキの最も

頑強なもの。高知県（一〇二三）
【オ染ダヌキ】狸の化けて出る一変態。徳島県名西郡（一四）此の他には狸が数種に化ける。
【オソメ】狸が正体、前項参照。香川県坂出町（一〇三八）
【オツヤンセンニ】夜中に現はれる。見れば見る程体が大きくなる。大入道参照。朝鮮平北（二一）
【オトラ狐】狐の化ける一態。愛知県南設楽郡（一〇八九）
【オトン女郎】鳥取県気高郡立見峠に出る。狐。（一〇四四）
【鬼】鬼の俗信は各地にある。一例、夜に入って隠れん坊をして居ると出た。岡山県邑久郡（一七一）
【オヤッテ】正体は狐。神社のお使姫。岡山県久米郡（一二三五）
【オルカ】池や川に出る。ゴーゴーと共に出る。岡山県都窪郡（一一六四）
【御火】大晦日の夜、蛸木の海岸から火の玉が上り、次第に大満寺山に向って行く。近郷の人々拝す。天狗松の一種。隠岐島（一二二二）
【オ竹】幽霊の一種。心中伝説あり。岡山県御津郡（一二三四）
【オンコロ】長野県（五〇〇）

カ

【カース】川獺。河に居てシリゴンダマを抜く。静岡県（五〇〇）
【カーッパ】河童。デンジリを抜く。神奈川県（七）
【ガーラ】水中の怪物。カワショロ、ガブソと共に存す。香川県坂出町（一〇三八）
【ガーロ】河童。ガラッパ。ガーロと皆同物。宮崎県（一〇三八）
【カアコゾー】河小僧。祇園祭の日、深淵に出る。泳ぐ者

は二コ〳〵しながら引かれて行く。愛知県（一一三七）

【カイギツネ】狐。岡山県英田郡（一〇四八）

【カイコギツネ】前項と同物ならん。岡山県勝田郡（九〇七）苫田郡（九〇八）

【ガイコギツネ】前項と同じ。美作勝間田町（九一七）

【カウソ】川獺。富山県上新川郡（一一二三）

【カオロ】河童。シリノコを抜く。岐阜船津町（二二）

【ガキツキ】餓鬼がつくと云ふ迷信。兵庫県（二四）

【ガグレ】河童。ガラッパのこと。またヒヨスンボ、ガーロとも云ふ。宮崎県（一八）（一〇六九）

【隠レ座頭】箕を夜中、戸外に置くと隠れ座頭に借りられる。彼はフミガラで音を発すも正体は見えず。神奈川県津久井郡（七）（一〇四三）

【河童】六才の子を引込んだとて捕へたら一尺程のスッポンであった。徳島市（一七）等

【風ダマ】人魂。飛べば大風を起す。千葉県（一〇八六）

【カネ掘リ婆サン】曇った夜、森の中から、火が見えて森中を走り廻るのは、カネ掘婆が金を探して居るのだ。愛知県渥美郡（一一四九）

【南瓜コロガシ】大南瓜を転がす。広島県世羅郡（一〇一八）

【カブソ】水中の怪物。香川県坂出町（一〇三八）

【カマイタチ】魂を奪って行く。小旋風が正体。愛知県宝飯郡（一一四二）

【ガマツキ】蟇が人に憑くもの。（一〇八二）

【神隠し】各地方に多し（一〇六八）

【ガラッ】 河童（一八）（一〇六九）（一〇七三）（一〇八二）赤い色をして頭に碗を持つ。奄美大島（八八二）

【ガワウ】 河童。ガラッパに同じ。宮崎県（一〇七三）

【カワウソ】各地に多し（一一）

【カワゴゾ】カワコゾー。河童。各地（一一六二）

【カワコボーズ】 河童。鳥取県（一〇八七）

【カワッパ】河童。福岡県（一）

【ガワッパ】 奄美大島の方言（八八一）

【カワテング】 河童。夜、川辺で火の玉を転がす。魚夫が石を洗ひ魚を供へると止む。神奈川県（七）（一〇四三）

【カワジョロ】 河女郎。河に出る妖怪。香川県坂出町（一〇三八）

【河ノ主】 岡山県都窪郡では崖に鯉に似たものが出る。（一一七九）

【ガン】 死人を運ぶ籠の妖怪。沖縄宮古島（一〇二六）

【ガンゴウ】 幽霊の如くで正体不明。夜、闇中から出る。山口県玖珂郡（二四）

【ガンゴロー】 勘五郎。怪火。愛知県東春日井郡（一一六二）

【カンスコロガシ】 山口県厚狭郡（八六七）次項参照のこと。

【カンスコロゲ】 人の首が道を転げる。山口県（八六一）—（八六七）カンスが松原駅付近に転げ出る。山口県（八五七）

キ

【ギオンザメ】 祇園鮫。愛知県渥美郡（一一四七）

【キクワ】 火を点じてついて来る。人には見えない。宮崎県北諸県郡（一八）

【キシム】 無形の妖怪。朝鮮平北（二一）

【キスケ】 法会があるので、坊主を頼みに行くと坊主に化けて先廻りをして来て御馳走を食べる。狐。岡山県浅口郡（一一）

【キツネ】 省略（六）

【キヅネ】 狐。東北地方の方言（一〇）（一二四三）

【キツネツキ】 省略（一二）（二三）（一〇三一）（一〇七三）（一〇六九）（一二三一）（一二四五）

【狐ノ首ツリ】 狐首の妖怪。美作（九二〇）

【ギャーグー】 広島県豊田郡（一〇一二）

【強屍】 人の屍を長く棺で放置すると成る。棺から出で人の形をなして家人に祟る。台湾台南（一二三二）

【キンネ】 狐。鹿児島市方言。（一〇八二）

ク

【クシン】 死亡した人の出現。又は山の守。朝鮮全南（一〇三五）

【クダキツネ】 管狐。静岡県（八七五）愛知県（一一六二）

【クダツキ】 クダと称する鼠様の獣がつく。狐つきとは異る。駿河国（八七六）

【クダン】 件。且て岡山市の珍品展覧会に表はれた。（二三）（三五）

【クチナワツキ】 青大将が祟ったもの。山口県阿武郡（八六五）

【首切馬】 馬の首が夜分出で、鈴のみ鳴る。徳島県麻植郡（一六）

ある富豪へ強盗が入ったところ、馬が鳴いたので首を切った。其馬の首が毎年当夜（大晦日）に強盗の生家附近で廻る。徳島県美馬郡（一二〇八）

【首切地蔵】首切れの地蔵様が竹藪の谷で、雨の夜半に走り廻る。徳島県美馬郡（二六）（一二〇八）

【首長幽霊】沖縄県国頭郡（九八三）

【首無シ】古い松の木の上に出る。美作真庭郡（一〇六三）山口県厚狭郡（八六三）

【首無シ馬】村境にある田圃路に首無き馬が立つ。愛媛県松山市（一一五七）

【首抜ケ】抜け首が出る迷信。（一〇一八）

【グヒンサマ】天狗の方言。讃岐の金刀比羅様に出る。岡山県。愛知県（一一六二）

【蜘蛛】笄山の墓地で火を点ず。蜘蛛だといふ。岡山県浅口郡（八）

【雲男】雪の降る晩、入道が出る。富山県（一二一三）

【クラワラシ】座敷ワラシの一類で土蔵に居るもの。青森県八戸地方（一〇）

【車引】法被を着て居る。一ノ井関に出る。岡山県上道郡（一六五）

ケ

【桂蔵坊】鳥取市久松山に出る。飛脚の姿をした武士。但し狐の化けたもの。鳥取（一〇四四）

【慶尚仔】台湾で幽霊の意。淋しい処に出で人形を呈し人に危害を加ふ。台南（一二三二）

【ケコロガシ】一二升位の容積の袋。辻道を歩いて居ると突然に空中より落下、人を転がす。岡山県川上郡（一一〇六）

【ケチタ】けちのついた田を耕すと魔が居て、耕す家に不幸あり。愛知県碧海郡（一一四二）

【ケチビ】怪火の方言。高知

市（九七〇）

【ケツキツネ】 人間に乗り移る。広島県安芸郡（一〇九四）

【外道】 中国、四国筋に多い。犬神と同一視する処あり。（一二）（九八五）

【ケンモン】 化物の方言、暗夜青い火をつけて人のそばに寄って来るものに名付く。奄美大島（八八一）

コ

【ゴーゴ】 次項に同じ。

【ゴーゴー】 河童。河に棲みシリゴンタマを抜く。岡山県の方言。（一一〇五）（一一六四）

【子ヲ抱カショ】 前掲、アカダカショウ、ウグメと同一系。山口県（八六四）（八五七）

【ゴゴ】 前掲、ゴーゴに同じ。岡山県（一一六九）（一一六六）

【コックリサマ】 管狐の一種。愛知県東春日井郡（一一六二）

【コックリサン】「コックリサン〳〵ココマデお出で」と唱へて占へると三人の中の一人に移って物がわかる。播州佐用郡（一一〇二）

【子取り】 多くは子供を恐れしむるために用ふ。（一〇三三）（九二四）

【ゴヒンサマ】 火の魂の移動。海面、遠近の間を速に走る。海面、青い田に現れ、悪口を云ふと近くに来る。危害を加へず。愛知県渥美郡（一一四七）

【子坊主】 山の神様の一種。香川県三豊郡（一二〇六）

【五郎右衛門狐】 白狐。人を化かす。静岡県（八七六）

【ゴンゴ】 ゴーゴに同じ。（一〇四八）（一〇六八）

【ゴンゴオ】 右同前（一一九一）

【コンコン】 狐の鳴声から転

じて狐の方言。岡山県。また化物の一種で愛知県東加茂郡下山村より半里離れた四辻といふ山頂に出る。（一一三四）

サ

【ザァー】 琉球宮古島。失恋の女が垂髪の幽霊になったもの。（一〇二六）

【座敷ワラシ】 古い家の座敷に居る。足音を立てたり、寝て居る位置を代へたりする。青森県八戸地方（一〇）（一〇四六）

【座頭コロガシ】 山口県厚狭郡に出る。（八六九）

【座頭コロゲ】 同前。

【猿ツキ】 狐と共に猿の憑くこと。山口県（八六七）

シ

【次第高】 人間の形のものが段々に高くなる。山口県厚狭郡江島の端に出る。（八五七）（八六七）夜中に一人路を行くと出る。見上ぐれば見上ぐる程丈高くなる。見下してやると低くなる。山口県阿武郡（一二〇三）

【シカタ】 死形か。長く病床にある時に、これが出て地面をたたき固める音がする、すると病人は死ぬる。奄美大島（八八一）

【シバテン】 芝天狗。高知市（九七〇）

【芝天狗】 炭焼き人夫等が信ず。深山に宿ると、大木を切る音がする。徳島県（一四）

【シバナガ幽霊】 舌長幽霊。沖縄県国頭郡には幽霊が多く、舌長、首長、山羊、豚、牛等の幽霊がある。（九八三）

【シチマヂムン】 沖縄県島尻郡の化物。犬が現れて急に美女と変り、さうかと思ふと家鴨になるといふやうな変化。（九八一）

【シヤンゴ〳〵】 狸の化物。

香川県坂出町（一〇三八）

【不知火】一名舟幽霊とも云ふ。八月十六日、十二月晦日に出る。佐賀県（一二〇一）

【シリー】死霊。亡者の成仏せず、夜間迷ひ歩くもの。沖縄県那覇市（一一一四）

【白狐】岡山県英田郡江見村鯰城山に二三匹づつ群って出て神秘がある。（一〇四八）

【白犬】徳島の警察所の南の辻に出て数疋して夜道を行く人を迷はす。（一五）

【白小僧】古酒屋の南方の竹藪の中から雨傘をさして出る。岡山県御津郡（一一二七）

ス

【スウリカンコ】火の玉の様なものが雨模様の時に列んで移動する。明滅する火だ「汐入村のかん子」より転訛したといふ。青森県八戸市（一〇）

【砂掛ケ婆】夜、淋しい木の下等に行くと上から砂をかける。岡山県御津郡（一一三四）

【脛コスリ】犬の形をして雨の降る晩に通行人の股間をこすって通る。岡山県小田郡（一二）

セ

【清玄坊】山伏の怪。徳島市城山に出る。（一一三）

【石塔】ブツ〱といふ声をして、夜分に話しをして居る。愛媛県東宇和郡（一〇九六）

【仙墓】狐の幽霊。墓場に火が上る。高橋の東に出る。岡山県上道郡（一一六五）

【仙王堂《センワンダン》】葬式具の幽。朝鮮黄海道（一〇三五）

タ

【太鼓狐】狐。岡山県津山市に出る。（九三四）

【大蛇】 蛇池から出る。愛知県西春日井郡（一一二六）

【大蛇ノ輪】 馬の目玉等と共に出る。岡山県苫田郡（八九二）

【タダリボッコ】 物の怪と云った如きもので様々の怪を云ふ。青森県八戸地方（一〇）

【高入道】 一、二丈もある入道、これを見るとゾッとする。見越シタ〱と云へば消える。狸ともいふ。徳島県（一四）人里離れた四つ辻に白いズボンとシャツを着て夜半に出る。徳島県（二六）海辺の松の木に出る。川獺だ。香川県（一一九五）山の中に出る。人間に似たり。徳島県（一二〇八）

【ダトーコロゲ】 座頭コロゲの転訛。座頭コロガシ参考のこと。山口県（八六一）

【タヌキ】 狸の妖怪は各地に多い。最も多いのは四国で笠井狸合戦金長六エ門氏の阿波の狸の話を参照すれば種々相あり。

【ダヌキ】 岡山県（九一七）前に同じ

【タノキ】 岡山県　前に同じ

【タノ】 岡山県　前に同じ

【タノギ】 青森県（一一四三）前に同じ

【タノキノマンガ】 桐の木の葉を纏い山路から吹き下す。岡山県都窪郡（一一六四）

【タヌキツキ】 四国では狐憑きは少く狸憑き最も多し。その理由は、昔、弘法大師が将来金属の橋の出来るまでは四国より狐を追ふと云はれたに似る。（二四）（一〇二三）（一一〇九）（一一一〇）

【タマン】 形は見えぬ。音がする。例へば戸にあたったり、足音がしたり。青森県（一〇）（一〇四六）

岩手県（八八四）　人魂のことである。ヲタマジヤクシの形をして居る。鹿児島市（一〇八三）　人魂。幽霊のこと。青森市（一二四三）

【タマス】人魂。岩手県盛岡市（一二四四）

【ダンザ】狸。狐より巧に化ける。鹿児島県鹿児島郡（一〇八二）

【タンタンコロリン】古い柿の木の化けた大入道。柿を取らずに熟さして置くと出来るといふ。仙台市（一一六一）

チ

【チューコ】火の玉。雨の降る淋しき夜に出る。岡山県児島郡（一一〇五）　夜藪の処を空を火を点じて飛ぶ。イタチが化けるのだ。岡山県上道郡（一一六五）

【チョーコー】山の空を飛ぶ。火魂。狐が化けたのだ。岡山県上道郡（一一六七）

【チンチョ】朝鮮の妖怪。毒蛇が千年経て化す。空を飛ぶので、これを人が見ただけで其人は死ぬる。全南（一〇三五）

ツ

【月ノ輪】月に輪を生ずるのは、此の田へ女が入ったからだといふ迷信の田があり、女人禁制である。岡山県川上郡（九）

【釣瓶落シ】釣瓶を落す。三重県河芸郡（一一一八）

テ

【貂】神棚で奇怪な音をたてる。岡山県（二）（一〇〇三）

【天火】夜、自分の行く手が急に明るく昼の様になる。愛知県渥美郡（一一四九）

【テンコ】古寺に出る大鼠の怪。岡山県児島郡（一一〇五）

【テンゴーサマ】天狗。神奈川県（七）（一〇四三）

【テンゴサン】天狗。夜、家の周りに来る。福井県田生郡（一二一二）

【天狗松】徳島市根津にあり。（一三）

【テングハン】天狗。高い木の枝の上に出る。富山県上新川郡（一二一三）

ト

【ドーツン】河童。愛知県南設楽郡（一〇八九）

【道通様】岡山県津山市（九三四）

【トービョー】山口県柳井町（一〇三二）

【ドウユウ】広島県豊田郡（一〇一二）

【トツカビ】朝鮮の妖怪。曇った晩、人体をなして出で火を伴ふ。平北（三一）

【ドツカビ】古い箒類が廃毀されたものに人の血が附くと化けて出るもの。朝鮮、全南（一〇三五）

【トッコ】河童。祇園の日（六月十五日）河に入ると尻を抜く。愛知県碧海郡（一一四一）

【トビダマ】人魂。死者のあった時飛ぶ。神奈川県（七）

【トリツキモノ】狐、狸がついたもの。

【ドロカミサン】雷。長崎県（一〇三九）

【ドロガメ】前に同じ。広島県東部

【ドンドロサマ】前に同じ。岡山県

ナ

【ナモナイ狸】雨の夜、ジョーチン行列を行ふ。婚礼や葬式の夜には真似をする。徳島県名西郡（一四）

【ナリカミ】雷獣。岡山県（八七七）

【ナルカミ】雷。

【納戸婆《ナンドバアサ》】納戸に座って居る。岡山県（八三六）

【納戸ババア】同前。備前、美作（九二六）（一〇三二）（一二三九）

ニ

【二階ワラシ】座敷ワラシの二階に居るもの。岩手県九戸郡（一二四六）

【入道坊主】ミコシ入道に同じ。福岡県企救郡（一）青森県八戸市（一〇）山口県厚狭郡（八六七）

【入道ボンズ】同前。青森県三戸郡（一〇四六）

【ニンコ】山陰地方

【人魚】省略

ヌ

【ヌケクビ】首抜に同じ。岡山県（一〇一四）

【ヌノバイ】布を引いた如くに地面をうねり行くもの。青森県（一〇）（一〇三六）

ネ

【ネコツキ】猫のついたもの。

ハ

【ハクラン】山口県柳井町（一〇三二）

【ハチワレ】憑き物がして透視になること。山口県厚狭郡（八六二）

【鼻ツリ】岡山県苫田郡（九六〇）

ヒ

【ピーシャーヤナムン】沖縄で山羊の幽霊。（九八三）

【ピイーイ鳩】奄美大島の怪鳩。七回怪音を発すると間もなく人が死ぬ。（八八一）

【ヒーヒザル】病人に憑き無神経にさせる。岡山県御津郡（一二二一）

【ヒカイモン】雷光。長崎県諫早町（一〇三九）

【ヒゲデンマル】山に出る。香川県塩飽本島（一一九五）

【ヒダマ】火玉。人魂のこと。富山県（一二五）宮崎県（一一八）（一〇七三）鹿児島県（一〇七九）

【ヒタマガヒ】火花や煙が遠方から見えるもの。昭和二年頃に大火の際に四五日前に之を認めた。沖縄県中頭郡（九八二）

【七人ミサキ】狐憑きの一種。高知県宇佐町（一〇二三）

【ヒチマジムン】昔は多かったが今は稀になった。沖縄県中頭郡（九八二）

【一ツ目小僧】師走八日と二月八日に夜、屋外へ履物を置くと出る。また此の日に目籠を竿にかけて茱萸の木を燃やすと出て来ない。神奈川県津久井郡（七）大入道である。愛知県宝飯郡（一一四二）

【一ツ目ン玉】藪の中に出る片目。岡山県（一一七〇）

【人魂】近親の者が死んだ時、他郷に居るとこれが枕辺に出る。徳島県（二六）人には七つの魂あり。人将に死なんとするや出でて火となる。沖縄県那覇市（一一一四）サンマイといふ所から出る。青火であって、その落ちた家の人が死ぬる。兵庫県飾磨郡（一〇二〇）

【火の玉】火柱とは異る。岐阜県（一二二）青森県（一〇）

【ヒノツタマ】火玉。新潟県の方言（一一三八）

【ヒノミサキ】

【火柱】夜中に高く燃え上り、これがあると倒れた方向にきっと火事がある。神奈川県（七）

（一〇四三）青森県（一〇）岐阜県（二二）富山県（二五）愛知県（一一三三）

【ヒヨスンボ】河童。ガラッパ。ガーロに同じ。宮崎県（一〇六九）

【ヒルギツネ】憑くとキョロ〳〵する。岡山県（四）

【ピンザマヅモノ】山羊の化物。沖縄県宮古島（一〇二六）

フ

【船幽霊】中国、四国では一般に船幽霊は現はれて船夫に杓を乞ふ。與へると水を入れるから底のない杓を用意すと。高知県（一〇二三）

ヘ

【ヘビ】徳島市では三谷の蛇谷、及び赤池に化けて出る。（一三）

【ベンゲ】火玉。徳島県（一四）

ホ

【ボーコン】亡魂（一）（一〇一二）（一〇三一）

【坊主】坊主の上半身が一ノ井関に出る。岡山県上道郡（一一六五）

【ボヅ】宮崎県南那珂郡（一〇七六）

マ

【魔】（一〇〇二）（一〇〇三）

【マゾームス】化物の方言。琉球八重山郡石垣島（九八〇）

【マジムン】化物の方言。沖縄県島尻郡（九八一）

【マヅモノ】化物の方言。沖縄県宮古島（一〇二六）

【マメダヌキ】山頂で夜十時頃から火を点ず。この火を見ると翌日は必ず雨だ。徳島県（二六）

【魔物スジ】魔物の筋が通ってゐて、そこへ家を建てると凶事がある。岡山県苫田郡（九三三）

ミ

【ミゴシ】大入道、丈が高く、人の後から見越す。岩手県九戸郡（一二四六）

【ミコシ入道】大入道。見てゐる間に延びて見越すやうになる。岡山県(二)岩手県(一〇)東北地方ではミゴシ入道と濁って言ふ。青森県（一〇四三）

【ミサキ】ミサキは不慮の死をした人が化してその死に場所に出で、女子供を引ぱり込む。岡山県御津郡（一二二九）二子の浦に出で水浴をする子を引く。同上（一二二七）池畔、鉄道、川辺に出る。岡山県川上郡（一一〇六）上道郡（一一六五）吉備郡（一一六九）香川県本島（一一九五）

ム

【麦ウラシ】麦の熟する頃、出て来るもの。クワッコウを怪物視したもの。山口県吉敷郡（九八七）

【ムジナ】狢の後を歩くと狂人になる。（二二）

【ムン】宵の頃行方不明になる人があるのはこの仕業だ。沖縄県中頭郡（九七九）

メ

【メードツ】河童。青森県八戸地方（一〇）

【メーツゴロ】目一ツ入道。宮崎県（一〇六九）（一〇七三）

モ

【モー】化物の総称。宮城県（一一一六）不浄場に現れる。宮城県（一一一七）

【亡者舟】海に出る。岩手県九戸郡（一二四六）

【モーモーカ】駿河国志太郡（八七五）

【モーレン】亡霊。岡山県

【モコ】化物の総称。蒙古の義。子供を寝かす唄「泣ゲバ山コカラ　モコァ来ラァネー　寝ーロジャ、ネーロ」青森県青森市（一二四三）

【モッコ】同前。青森市（八八三）

【モモツカ】モーモーカに同じ（八七六）

【モノトリ】「狸の首つり」のこと。岡山県久米郡（九二〇）

【モレ】亡霊。鹿児島県（一〇七九）

【モンコ】モコに同じ。盛岡市（八八四）（一二四四）

【モンジャ】亡者。青森市（一二四三）

ヤ

【ヤコ】野狐。長崎県諫早町（一〇三九）

【ヤコツキ】狐憑き。宮崎県（一八）（一〇七〇）

【ヤアコ】幽霊のこと。佐賀県杵島郡（一二〇一）

【山鳴り】山で自殺者があったら山が鳴る。岡山県川上郡（一一八一）

【山猫】愛媛県（一〇九六）

【山ノ叔母御】信州で云ふ。

ユ

【ユーリィー】墓地、僻地に髪を乱し、舌を垂れ、日没より鶏鳴まで横行する。沖縄県那覇市（一一一四）

【幽霊】省略（二六）（一〇三）

【ユーレン】前ニ同じ。岡山の方言。

【ユーレン屋敷】徳島市佐古町古馬場に現にあり。（一七）

【ユウレ】青森県（二〇）

【ユキアイ神】これに会ふと熱が出る。岡山県（二）

【雪】 雪を被って出る。岡山県英田郡（一一八〇）

【雪女郎】 秋田地方（八八四）島根県（一〇七七）

【雪バンバ】 雪の積んだ夜、一人行って居ると白い怪物が出る。仙台市（一一六一）新潟県（一二三八）

【雪入道】 雪中の大入道。富山県上新川郡（二五）岡山県都窪郡（九五六）

【ユリ】 幽霊。宮崎県（一八）

【ユリンボ】 同前。宮崎県（一〇六九）

【ユレ】 同前。鹿児島市（一〇八二）

ヨ

【天生】 人間以外の動物の化物を云ふ。台南（一二三二）

【ヨハトシ】 夜半人。首無き馬に幽霊の侍が乗って夜半に通る。その時には水鶏《クヒナ》が先きぶれする。灯の灯って居るのが見えたら侍は入って来る。但し爪を隠した人は助かる。奄美大島（八八二）

ラ

【雷獣】

ロ

【六エ門】 狸。化ける。徳島県（一四）

【ロクロックビ】 静岡県（一二四二）新潟県（一二三八）

【六本狐】 狐。六本松のある所に出る。岡山県都窪郡（一一七九）

ワ

【ワーマヅモノ】 豚の化物。宮古島（一〇二六）

「裏表紙」

非売品
昭和十年五月一日印刷　著者　佐藤清明
昭和十年五月五日発行　発行兼印刷人　桂又三郎
岡山市内山下一八
発行所印刷所　中国民俗学会

※　本稿は昭和十年刊の『現行全国妖怪辞典』（中国民俗学会）里庄町所蔵を底本としました。一部の旧字体は新字体に改め、明らかな誤字は訂正しました。
本文中には、今日の人権意識や歴史認識に照らして不適切と思われる語句や表現がありますが、作品発表当時の社会的背景や題材の歴史的状況を鑑み、原文のままとしました。

佐藤清明年譜

明治38年（1905）0歳　5月9日、浅口郡里庄村（現、里庄町）に生まれる。

大正12年（1923）18歳　金光中学校（現、金光学園高等学校）卒業、第六高等学校（現、岡山大学）生物学助手となる。教員免許取得

大正14年（1925）20歳　福岡県小倉中学校（現、福岡県立小倉高等学校）生物教諭となる。

昭和元年（1926）21歳　結核を患い静養のため郷里里庄村に帰る。

昭和3年（1928）23歳　岡山県生石高等女学校および岡山県生石教員養成所教諭となる。

昭和5年（1930）25歳　このころ民俗学者・柳田国男、植物学者・牧野富太郎と交流を始める。

昭和6年（1931）26歳　このころ博物学者・南方熊楠と交流を始める。清心高等女学校（現、清心女子高等学校）生物教諭となる。

昭和7年（1932）27歳　『博物科叢話』、『カブトガニ』を発行する。

昭和8年（1933）28歳　島田ミヤコと結婚する。二男一女を授かる。

昭和10年（1935）30歳　『現行全国妖怪辞典』、『岡山県植物目録』を発行する。

昭和19年（1944）39歳　戦禍を避けて六高の「菊桜」を里庄の自宅庭で接木保存する。

昭和20年（1945）40歳　岡山空襲に被災、里庄に帰る。戦後、岡山博物同好会の会長となる。

昭和22年（1947）42歳　昭和天皇が岡山へ行幸され、昆虫標本等を天覧に供する。

昭和23年（1948）43歳　岡山県国宝重要美術品史蹟名勝天然紀念物調査委員会（現、岡山県文化財保護審議会）委員となる。

昭和24年（1949）44歳　ノートルダム清心女子大学講師となる。

昭和26年（1951）46歳　岡山女子短期大学（元、岡山県生石高等女学校）生物講師となる。

昭和28年（1953）48歳　池田邸へ清明育成の「菊桜」を植樹する。昭和天皇・皇后が岡山後楽園に清明育成の「菊桜」を植樹される。

昭和33年（1958）53歳　岡山大学農学部講師となる。

昭和38年（1963）58歳　倉敷市文化財保護委員会（現、倉敷市文化財保護審議会）委員となる。

昭和45年（1970）65歳　岡山大学医学部講師となる。

昭和50年（1975）70歳　岡山大学薬学部講師となる。

昭和53年（1978）73歳　文化庁長官功労賞（文化庁十周年記念）を受賞する。

昭和55年（1980）75歳　勲五等双光旭日章を受章する。

昭和56年（1981）76歳　岡山県植物研究会の会長となる。

昭和58年（1983）78歳　山陽新聞賞（学術功労）を受賞する。

昭和60年（1985）80歳　清明育成の「菊桜」を皇居に献上する。

平成10年（1998）93歳　9月17日、里庄町の自宅で永眠する。享年93歳

トピック⑧【佐藤清明資料保存会】

佐藤清明資料保存会は、２０１８年に発足した文字どおり佐藤清明が遺した資料を保存し、業績を顕彰することを第一の目的とした組織である。佐藤清明は、教職の傍らフィールドワークによる調査研究を行ったが、一般に広く名前を知られてはいない。著書『現行全国妖怪辞典』をきっかけに、博物学者佐藤清明の存在を知った有志、佐藤清明の縁者及び関係者が集まり、２０１７年に里庄町立図書館を拠点として結成した清明研究会がその前身である。

佐藤清明資料保存会は、佐藤清明が使用していた書庫に保管されていた謄写版（ガリ版）発行冊子、原稿寄稿雑誌、書簡、調査記録ノート及び写真などの紙資料のデジタルデータ化と、佐藤清明の経歴及び業績の掘り起こしを行っている。佐藤清明の交流関係から新資料を発見することもある。調査結果は、例会において会員相互に共有されるほか、企画展示や講演会を以て定期的に紹介している。佐藤清明が携わった民俗・方言、動物・植物、文化財・天然記念物及び教育分野に興味関心があれば、誰でも佐藤清明資料保存会の会員に加わることができる。

（才野嘉子）

参考文献など

文化財保護の法的整備：文部科学省（mext.go.jp）
https://www.mext.go.jp/b_menu/hakusho/html/others/detail/1317870.htm
髙橋寿美江『木之子島物語』（平成30年）
「佐藤清明資料保存会会報」№.０～７号（佐藤清明資料保存会・里庄町立図書館）
「佐藤清明　―里庄町が生んだ知の巨人」『高梁川』78号（高梁川流域連盟 令和２年）

おわりに

２０１７年の６月のこと、「里庄町立図書館の職員から『『妖怪講座』を開催したいのです。また、『里庄のせいめいさん展』も開催したいのです。」との報告を受けました。職員によくよく聞いてみると、里庄町の出身で、すばらしい業績を残された博物学者がおられるとのことでした。その博物学者は、清明先生でした。

その後、「清明研究会」が立ち上がり、今では「清明研究会」を含む「佐藤清明資料保存会」として活動しています。設立総会は、２０１８年６月24日に行われました。この会は、清明先生の業績を顕彰し、資料の収集、整備、保存、活用をするとともに、次代を担う青少年の健全な育成や地域文化活動、教育事業を推進することを目的としています。会の立ち上げに携われた多くの皆様や、清明先生のご親族をはじめ、各界の関係者の皆様方による献身的なご支援の中で、精力的な活動ができています。

このような状況の中で、この本をきっかけとして、清明先生の業績などが、一人でも多くの皆様に知っていただければ幸いです。また、写真や資料をご提供くださいました、清明先生のご親族、さらには執筆を担当していただきました多くの皆様方に、心より感謝申し上げます、終りに、何かとご配慮くださいました日本文教出版株式会社様に、深甚なるお礼を申し上げます。

里庄町教育長　佐藤清明資料保存会副会長　杉本　秀樹

佐藤清明資料保存会　執筆者紹介（掲載順）

加藤 泰久 清明資料保存会会長 里庄町長 里庄町在住 昭和 35 年生
小野 礼子 清明資料保存会理事 里庄町立図書館司書 里庄町在住 昭和 39 年生
木下　　浩 清明資料保存会顧問 岡山民俗学会理事 岡山市在住 昭和 42 年生
藤井 成加 清明資料保存会会員 里庄町在住 昭和 50 年生
髙橋寿美江 清明資料保存会会員 千葉県柏市在住 昭和 24 年生
岡本 泰典 清明資料保存会顧問 岡山市在住 昭和 45 年生
江田 伸司 清明資料保存会顧問 佐藤清明の義孫 倉敷市在住
髙橋 達雄 清明資料保存会理事 里庄町文化財保護委員 里庄町在住 昭和 17 年生
佐藤 健治 清明資料保存会理事 里庄町文化財保護副委員長 里庄町在住 昭和 20 年生
佐藤 泰徳 清明資料保存会理事 里庄町文化協会会長 里庄町在住 昭和 16 年生
稲田多佳子 清明資料保存会顧問 総社市在住
徳山　　容 清明資料保存会理事 大原焼プロジェクト代表 里庄町在住 昭和 21 年生
伊藤 智行 清明資料保存会理事 自営業 里庄町在住 昭和 42 年生
西崎 康男 清明資料保存会監事 里庄町文化財保護委員 里庄町在住 昭和 20 年生
安原 清隆 清明資料保存会理事 里庄町在住 昭和 20 年
土岐 隆信 清明資料保存会顧問 総社市在住 昭和 18 年生
杉井 睦保 清明資料保存会監事 里庄町文化財保護委員 里庄町在住 昭和 25 年生
才野 基彰 清明資料保存会理事 古民家文庫茂登田経営 里庄町在住 昭和 30 年生
佐藤 美清 清明資料保存会顧問 里庄町在住 昭和 16 年生
生宗 脩一 清明資料保存会副会長 里庄町文化財保護委員長 里庄町在住 昭和 14 年生
才野 嘉子 清明資料保存会会員 里庄町在住 昭和 50 年生
杉本 秀樹 清明資料保存会副会長 里庄町教育長 矢掛町在住 昭和 29 年生

編集委員
生宗脩一 小野礼子 伊藤智行 木下浩

協力
中尾茂男 髙田正信

岡山文庫 323　博物学者　佐藤清明の世界
附録『現行全国妖怪辞典』

令和3年（2021）年 10月26日　初版発行

編著者　佐藤清明資料保存会
発行者　荒　木　裕　子
印刷所　株式会社三門印刷所

発行所　岡山市北区伊島町一丁目4－23 日本文教出版株式会社
電話岡山（086）252-3175（代）振替 01210-5-4180（〒700-0016）
http://www.n-bun.com/

ISBN978-4-8212-5323-4　＊本書の無断転載を禁じます。

101. 岡山と朝鮮・西川　宏
102. 岡山の和紙・白井英治
103. 岡山の艶笑譚・立石憲利
104. 岡山の文学アルバム・山本遺太郎
105. 岡山の映画・松田完一
106. 岡山の石仏・巌津政右衛門
107. 岡山の橋・宗田克巳
108. 岡山のエスペラント・岡　一太
109. 岡山の狂歌・蓬郷　巌
110. 百間川・岡山の自然を守る会
111. 夢二のふるさと・真田芳夫 葛原茂樹
112. 岡山の梵鐘・川端定三郎
113. 岡山の演劇・山本遺太郎
114. 岡山話の散歩・岡　長平
115. 岡山地名考・宗田克巳
116. 岡山の戦災・野村増一
117. 岡山の町人・片山新助
118. 岡山の会陽・三浦　叶
119. 岡山の石・宗田克巳
120. 岡山の滝と渓谷・川端定三郎
121. 岡山の味風土記・岡　長平
122. 目でみる岡山の明治・巌津政右衛門
123. 岡山の散歩道 東西・佐藤米司
124. 目でみる岡山の大正・蓬郷　巌
125. 児島湾・同前峰雄
126. 岡山の庶民夜話・佐上静夫
127. 岡山の修験道の祭・川端定三郎
128. 目でみる岡山の昭和Ⅰ・蓬郷　巌
129. 岡山のふるさと雑話・佐上静夫
130. 岡山のことわざ・佐藤・次田 竹内・福尾
131. 目でみる岡山の昭和Ⅱ・蓬郷　巌
132. 瀬戸大橋・ＯＨＫ編
133. 岡山の路上観察・香川・河原
134. 岡山の相撲・二宮朔山
135. 岡山の古文献・中野美智子
136. 岡山の門・小出公大
137. 岡山の内田百閒・岡　将男
138. 岡山の彫像・蓬郷　巌
139. 岡山の名水・川端定三郎
140. 両備バス沿線・両備バス広報室
141. 岡山の明治の雑誌・片山・来田 菱川
142. 岡山の災害・蓬郷　巌
143. 岡山の看板・河原　馨
144. 由加山・原　三正
145. 岡山の祭祀遺跡・八木敏乗
146. 岡山の表町・岡山を語る会
147. 逸見東洋の世界・白井洋輔
148. 岡山ぶらり散策・河原　馨
149. 岡山名勝負物語・久保三千雄
150. 坪田譲治の世界・善太と三平の会
151. 備前の霊場めぐり・川端定三郎
152. 藤　戸・原　三正
153. 矢掛の本陣と脇本陣・武・中山・岡田 池田・柴口
154. 岡山の図書館・黒崎義博
155. 岡山の戦国時代・松本幸子
156. 岡山の資料館・河原　馨
157. カブトガニ・惣路紀通
158. 正阿弥勝義の世界・白井洋輔
159. 木山捷平の世界・定金恒次
160. 岡山の備前ばらずし・窪田清一
161. 良寛さんと玉島・森脇正之
162. 備中の霊場めぐり・川端定三郎
163. 岡山の多層塔・小出公大
164. 六高ものがたり・小林宏行
165. 下電バス沿線・下電編集室
166. 岡山の博物館めぐり・川端定三郎
167. 岡山の民間療法(上)・鶴藤鹿忠 竹内平吉郎
168. 吉備高原都市・小出公大
169. 玉島風土記・森脇正之
170. 洋学者箕作阮甫とその一族・木村岩治
171. 夢二郷土美術館・松田基 楢原雄一
172. 岡山のダム・川端定三郎
173. 岡山の森林公園・河原　馨
174. 宇田川家のひとびと・水田楽男
175. 岡山の民間療法(下)・鶴藤鹿忠 竹内平吉郎
176. 岡山の温泉めぐり・川端定三郎
177. 阪谷朗廬の世界・山下五樹
178. 目玉の松ちゃん・尾上松之助 中村房吉
179. 吉備ものがたり(上)・市川俊介
180. 中鉄バス沿線・中鉄バス㈱企画部
181. 飛翔と回帰・国吉康雄の西洋と東洋・小澤善雄
182. 岡山の智頭線・河原　馨
183. 出雲街道・片山　薫
184. 備中高松城の水攻め・市川俊介
185. 美作の霊場めぐり・川端定三郎
186. 吉備ものがたり(下)・市川俊介
187. 津山の散策 にし ひがし・黒田　晋 竹内平吉郎
188. 倉敷福山と安養寺・前川　満
189. 鷲羽山・山本慶一 西田正憲
190. 和気清麻呂・仙田　実
191. 岡山たべもの歳時記・鶴藤鹿忠
192. 岡山の源平合戦談・市川俊介
193. 岡山の氏神様・二宮朔山
194. 岡山の乗り物・蓬郷　巌
195. 岡山・備前地域の寺・川端定三郎
196. 岡山ハイカラ建築の旅・河原　馨
197. 牛窓《うしまど》を歩く・前川　満
198. 岡山のレジャー地・倉敷ぶんか倶楽部
199. 斉藤真一の世界・斉藤裕重 イシイ省三
200. 巧匠 平櫛田中・原田純彦

201. 総社の散策・神野力・葛原克人・加藤信二
202. 岡山の路面電車・楢原雄一
203. 岡山ふだんの食事・鶴藤鹿忠
204. 岡山のふるさと市・倉敷ぶんか倶楽部
205. 岡山の流れ橋・渡邉隆男
206. 岡山の河川拓本散策・坂本亜紀児
207. 備前を歩く・前川満
208. 岡山言葉の地図・今石元久
209. 岡山の和菓子・太郎良裕子
210. 吉備真備の世界・中山薫
211. 柵原散策・片山薫
212. 岡山の岩石・野瀬重人・沼野忠之
213. 岡山の能・狂言・金関猛
214. 岡山の鏝絵・赤松壽郎
215. 山田方谷の世界・朝森要
216. 岡山おもしろウオッチング・おかやま路上観察学会
217. 岡山の通過儀礼・鶴藤鹿忠
218. 日生を歩く・前川満
219. 備北・美作地域の寺・川端定三郎
220. 岡山の親柱と高欄・渡邉隆男
221. 西東三鬼の世界・小見山輝
222. 岡山の花粉症・三好・難波・岡野・山本
223. 操山を歩く・谷淵陽一
224. おかやま山陽道の拓本散策・坂本亜紀児
225. 霊山熊山・仙田実
226. 岡山の正月儀礼・鶴藤鹿忠
227. 原子物理学の父 仁科芳雄・井上泉・イシイ省三
228. 赤松月船の世界・定金恒次
229. 邑久を歩く・前川満
230. 岡山の宝箱・臼井洋輔・臼井隆子
231. 平賀元義を歩く・渡部秀人・竹内佑宜
232. 岡山の中学校運動場・奥田澄二
233. おかやまの桃太郎・市川俊介
234. 岡山のイコン・植田心壮
235. 神島八十八ヶ所・坂本亜紀児
236. 倉敷ぶらり散策・倉敷ぶんか倶楽部
237. 作州津山 維新事情・竹内佑宜
238. 坂田一男と素描・妹尾克己・イシイ省三
239. 岡山の作物文化誌・臼井英治
240. 児島八十八ヶ所霊場巡り・倉敷ぶんか倶楽部
241. 岡山の花ごよみ・前川満
242. 英語の達人・本田増次郎・小原孝
243. 城下町勝山ぶらり散策・橋本惣司・倉敷ぶんか倶楽部
244. 高梁の散策・朝森要
245. 薄田泣菫の世界・黒田えみ
246. 岡山の動物昔話・立石憲利・江草昭治
247. 岡山の木造校舎・河原馨
248. 玉島界隈ぶらり散策・小野敏也・倉敷ぶんか倶楽部
249. 岡山の石橋・北脇義友
250. 哲西の先覚者・加藤章三
251. 作州画人伝・竹内佑宜
252. 笠岡諸島ぶらり散策・NPO法人かさおか島づくり海社
253. 磯崎眠亀と錦莞莚・吉原睦
254. 岡山の考現学・おかやま路上観察学会
255. 「備中吹屋」を歩く・前川満
256. 上道郡沖新田・安倉清博
257. 続・岡山の作物文化誌・臼井英治
258. 土光敏夫の世界・猪木正実
259. 吉備のたたら・岡山地名研究会
260. いろはで綴る ボクの子供事典・赤枝郁郎
261. 民話の里 鏡野町伝説紀行・立石憲利・片田知宏
262. 笠岡界隈ぶらり散策・ぶらり笠岡友の会
263. つやま自然のふしぎ館・森本信一
264. 岡山の山野草と野生ラン・小林克己
265. 文化探検 岡山の甲冑・臼井洋輔
266. ママカリ ヒラに まったりサーラ・窪田清一
267. 岡山の駅舎・河原馨
268. 守分 十の世界・猪木正実
269. 備中売薬・土岐隆信・木下浩
270. 倉敷市立美術館・倉敷市立美術館
271. 津田永忠の新田開発の心・柴田一
272. 岡山ぶらりスケッチ紀行・南一平・網本善光
273. 倉敷美観地区 歴史と民俗・吉原睦
274. 森田思軒の世界・倉敷ぶんか倶楽部
275. 三木行治の世界・猪木正実
276. 岡山路面電車各駅街歩き・倉敷ぶんか倶楽部
277. 赤磐きらり散策・高畑富子
278. 岡山民俗館 民具一〇〇選・岡山民俗学会
279. 笠岡市立竹喬美術館・笠岡市立竹喬美術館
280. 岡山の夏目金之助(漱石)・横山俊之・熊代正英
281. 吉備の中山を歩く・熊代哲士・熊代建治
282. 備前刀 日本刀の王者・佐藤寛介・植野哲也
283. 繊維王国おかやま今昔・猪木正実
284. 温羅伝説・中山薫
285. 現代の歌聖 清水比庵・笠岡市立竹喬美術館
286. 鴨方往来拓本散策・坂本亜紀児
287. 玉島 旧柚木家ゆかりの人々・倉敷ぶんか倶楽部
288. カバヤ児童文庫の世界・岡長平
289. 野﨑邸と野﨑武左衛門・猪木正実
290. 岡山の妖怪事典 妖怪編・木下浩
291. 松村緑の世界・黒田えみ
292. 吉備線各駅ぶらり散策・倉敷ぶんか倶楽部
293. 「郷原漆器」復興の歩み・高山雅之
294. 作家たちの心のふるさと・加藤章三
295. 自画像の異彩画家 河原修平の世界・倉敷ぶんか倶楽部
296. 岡山の妖怪事典 鬼・天狗・河童編・木下浩
297. 歴史・伝承・文学・アート 岡山の魅力再発見・柳生尚志
298. 井原石造物歴史散策・大島千鶴
299. 岡山の銀行 合併・淘汰の150年・猪木正実
300. 吹屋ベンガラ・臼井洋輔